Максимилијан Еренрајх-Остојић
КАРАКТЕРИСТИКА

Уредник
ЈОВИЦА АЋИН

Рецензент
ПЕТАР ПЈАНИЋ

МАКСИМИЛИЈАН ЕРЕНРАЈХ-ОСТОЈИЋ

КАРАКТЕРИСТИКА

роман

Четврто издање

РАД

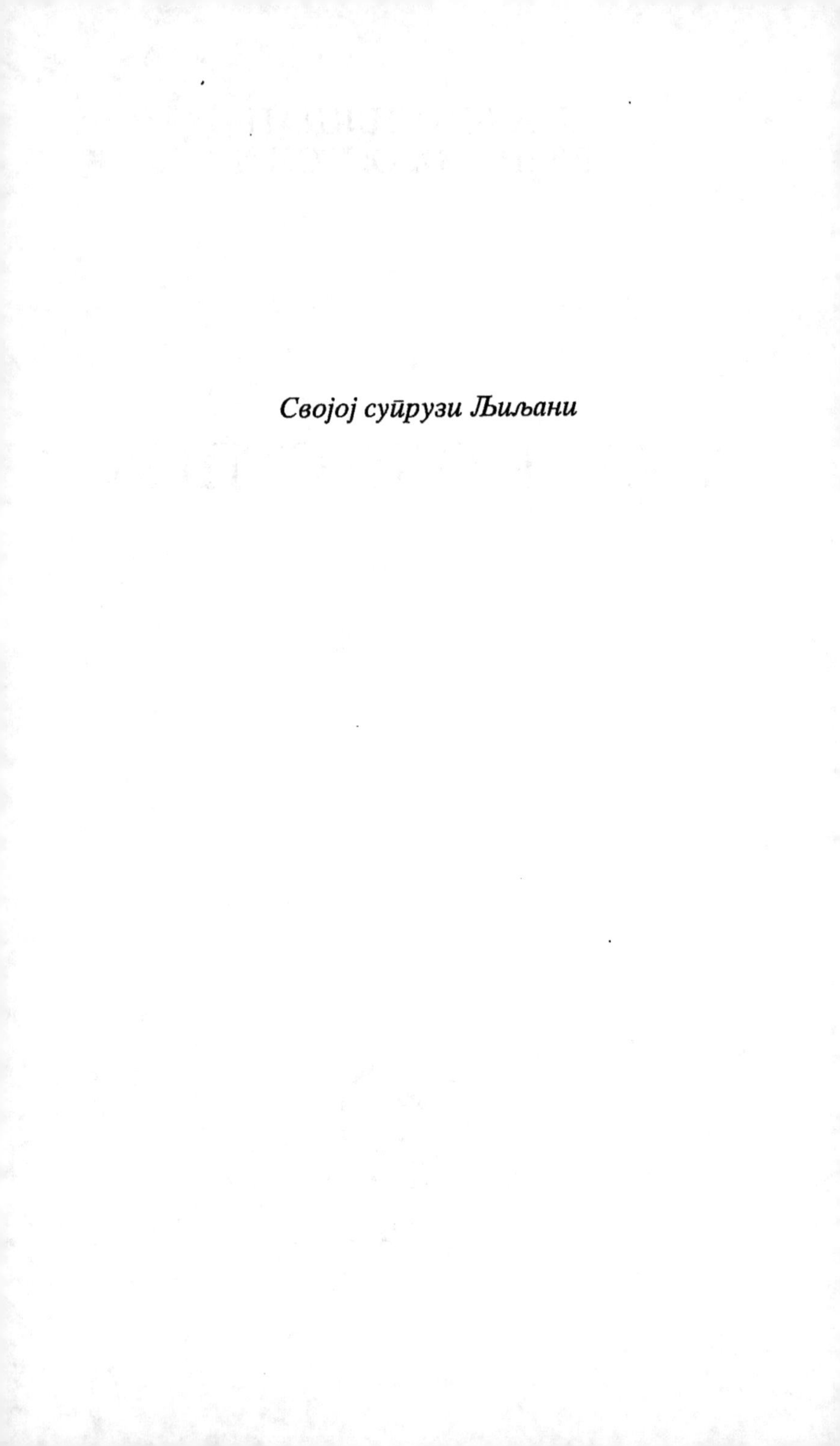

Својој супрузи Љиљани

КАРАКТЕРИСТИКА

Преживео сам рат, катастрофу иза које се не скривају непредвидљиве силе природе, већ немоћ људи да изађу на крај са својим страстима и својим безумљем. Имао сам разлога да се због очевог порекла прибојавам окупатора. Срећом, околности су ми ишле на руку: прошао сам кроз бројна искушења, пребродио озбиљне опасности те сам мир дочекао физички неокрњен.

Могао бих слободно да кажем да сам све године рата провео у једном магацину: док су се на копну и морима и ваздуху већег дела света водиле борбе ја сам за то време осам часова дневно проводио у једној полумрачној одаји препуној разноврсног материјала неопходног за нормално одржавање погона највеће београдске пиваре.

Само, ни на том тихом, скровитом месту нисам био сасвим поштеђен извесних ствари, незамисливих у стању мира. Уосталом, да није било рата не би било мене у магацину: у дворишту пиваре, кроз једини прозор магацина виђао сам немачке војнике како у аутомобиле и камионе уносе бурад и сандуке са боцама пива пошто је више од половине овог производа одлазило Немцима. Био сам свестан тога да у неку руку сарађујем са окупатором, али у измењеним ратним условима мени ништа друго није преостало него да се прихватим посла помоћника магационера. Истина, могао сам као неки моји другови из школе и улице да се прикључим партизанима или дражиновцима. Међутим, по својој природи и својим душевним склоностима нисам био спреман за такве авантуре. Херојство других могло је да ме одушеви, иако себе никада нисам замишљао у улози хероја.

У магацину сам дочекао крај рата, заправо смену друштвеног уређења. У самом магацину ова смена се уопште није осетила: додуше био је празнији него када сам ступио у њега, али са победницима није се изменио поступак набавке и издавања материјала. Ништа се није променило ни у дворишту које се простирало испод мог прозора са решеткама, ни сиви зид сладаре коју сам са свог радног стола такође могао да видим. Промене су биле видљиве пре свега у односима међу људима.

Нисам више виђао акционара Уроша Крстића и његову супругу Ирену, а неко време ни Едмунда Блетнера, такође власника позамашног пакета акција пиваре. Само, Крстићеви нису дочекали ослобођење већ су пре тога напустили земљу, док су Блетнера, банатског Немца, ухапсили и потом после два месеца пустили, јер није могла да се докаже његова сарадња са окупатором, како га је неко из пиваре оптужио. Нисам виђао ни Ернста Улмана, главног електричара, који је заједно са кћеркама, близнакињама, последњим немачким возом напустио Београд.

Директора Новачека нису дирали. Дозволили су му да и даље, бар формално, руководи пиваром. Ипак, то више није био онај пређашњи Новачек: са одласком Крстића и затварањем Блетнера ишчезао је и његов ауторитет. Додуше, радници су га и даље поздрављали, али сада као себи равног док им је он отпоздрављао са далеко више уважавања него пре смене система. Променио се и према мени; ваљда је у мени видео перспективног младића чије имовинско стање пре рата није морало да буде отежавајућа околност за напредовање у новом поретку.

Остао бих магационер вероватно до краја живота да ми се није указала прилика да се запослим у предузећу сродном пивари: године 1946. прешао сам у велики реквирирани подрум вина чији је власник побегао испред совјетских тенкова и наших партизана. И у овом подруму имао сам бокс иако се више нисам бавио магационерским послом: постао сам финансијски ликвидатор. Но, ту нисам дуго остао: пошто су одлучили да га припоје једном великом произвођачу вина и ракије требало је да радим ван Београда а мени то није одговарало. Тако је почела моја радна одисеја.

О свему томе, мојим ратним и поратним годинама, не бих причао да једног дана нисам прочитао своју карактеристику. Како сам уопште дошао до ње у време када сам се запослио у једном великом спољнотрговинском предузећу у коме је човек осећао да главни руководиоци, по правилу, гледају на њега са неким готово видљивим подозрењем. Не желим о томе да говорим али у сваком случају сусрет са *карактеристиком* био је за мене у извесном смислу трауматичан доживљај.

Није била предуга. Нешто дужа од једне странице искуцане на грубој хартији, по свему судећи на некој старој писаћој машини. „Именовани Београђанин – тако је почињала – радио је за време окупације у пивари, а две године после ослобођења прешао у ЗЕМАЛКО, предузеће за промет алкохолним пићима, где је остао до 1948., када је био отпуштен због омаловажавања синдикалног рада. Према причању радника и службеника пиваре именовани (Немац по оцу) пореклом из грађанске породице, није се отворено компромитовао сарадњом са окупатором иако је због познавања немачког одлазио службено у немачке установе, по налогу дирекције. Колико је познато није одржавао везе са издајничким организацијама, али није одржавао везе ни са НОБ. Ипак, према неким исказима, испољавао је за време рата изразите симпатије према Енглезима и Американцима, на шта је указивала и околност што је редовно слушао Радио Лондон. Нико из пиваре није се жалио на његово понашање за време рата. Међутим, неки му замерају што су му међу особљем пиваре били ближи људи буржоаског схватања од оних који су се определили за радничку класу. Према тврђењима неких његових суседа, славио је све веће католичке и православне празнике и одлазио готово сваке недеље у цркву. У ЗЕМАЛ-КУ је одбио предлог да у предузећу и ван њега мотри на рад запослених, изговарајући се да не жели да се у том смислу унапред обавеже, али да је спреман да самоиницијативно пријави све што би могло да штети предузећу и целој заједници. У сваком случају, са њим треба бити обазрив.“

Обузме вас чудно осећање када на комаду хартије откријете нешто слично својој биографији коју су други срочили. Имао сам преко тридесет година када ми се овај мој концизни животопис, као поверљив документ, нашао у руци. Рат је већ увелико остао за мном, као далеко сећање које ме није оптерећивало и нагонило да га по сваку цену предам забораву. Међутим, карактеристика ме је одједном вратила у дане ратног и поратног времена, готово продрмала као струјни удар, суочила са истином која је изненада пред мојим унутарњим очима оживела. Схватио сам, читајући те редове откуцане у малом прореду, да су још одавно постојале неке невидљиве очи које су ме помно пратиле, нада мном је бдила нека тајанствена сила за коју ништа није било толико свето да из своје знатижеље не би завириле у најскривеније и најинтимније кутке људске свести. Живео сам, радио сам, забављао се, несвестан тога да је све то у извесној мери остављало трага у тајанственим преградама власти која је о мени желела све да сазна и докучи али да себе ни по коју цену не ода. Био сам толико пута обмањиван, помислио сам, истовремено разочаран и гневан попут оног који је једног дана открио рупу на зиду свог стана, непобитан доказ да је његов најинтимнији живот бивао све време разголићен као у некој фарси.

Карактеристику сам прочитао неколико пута откривајући сваки пут у њој понешто што ми је пре тога могло да промакне а што је употпуњавало или поједностављивало моју личност. Потом су прва збуњеност и прво негодовање почели постепено да сплашњавају иако сам се и даље осећао као човек који је затекао свој стан проваљен али коме провалници нису нанели никакву штету нити су било шта однели. У детињству сам веровао да ме очи Божје свуда прате и да сваки мој грех бива записан у неку врсту књиге само мог живота и да од погледа Свевишњег ништа не могу да сакријем. Слично сам се осећао и у тренуцима када ми се карактеристика нашла у руци, само свестан да су ме овог пута уместо са неба посматрале очи из људског пакла.

Ова карактеристика није много одступала од истине: све што је писало у њој није било ни измишљено ни преувеличано. Но, било је то само једно виђење мене, могло би се рећи – кинетичко. Нису ли очи што су на мене повремено мотриле, имале пред собом само моје тело, оно у кретању, пратиле ме куда идем, немоћне да проникну у моје расположење, моју душу сем уколико само кретање не би бар на нешто указивало. Иначе, у свему осталом бивао сам и за најпроницљивије умове и очи мање-више једна непознаница.

Постоји још једна карактеристика. Није то ова коју други пишу о нама, већ она коју ми лично састављамо, тачније која није ништа друго до наше друго „ја“. Она прва није нетачна, бар у општим цртама, ова друга можда је сувише лична да би била истинита, пошто, како је познато, човек не може себе да види онаквог какав је у очима и мислима других.

Сам себи сам можда мистерија, али упркос томе бар сам у нечему сам себи схватљив: не знам како сам се из непостојања обрео у постојању, не знам ни какви све понори несвесног зјапе у мени, али познато ми је какве сам све преступе и грехе починио током свог живота. Чудно је то: као да моја егзистенција, моја извесност да постојим, почивају углавном на личном сазнању своје, сопствене кривице: у супротном као да не бисмо били способни да сами себе препознајемо, падали лако у искушење да порекнемо своје постојање, прогласимо сами себе и за привиђење.

Извесно је да се нешто у нама противи да сами себе квалификујемо за Ништа, односно да у свом ништавилу видимо своје биће, мада би нас то подавање ништавилу донекле спасавало од егзистенцијалног кошмара, ослобађало одговорности за све моралне преступе: ако је све Ништа онда су Ништа и наши преступи.

Међутим, на таквом уверењу и таквој хипотези не можемо дуго устрајати пошто на крају преовладава свест о нужности да одговарамо кад-тад за сва своја дела, и недела. Можда смо кадри све да избегнемо осим своје личне одговорности а управо ова одговорност су оне невидљиве али нераскидиве нити које нас, уместо за ништавило, везују за биће. Као да нека сила, скривена у нимбу-

сима трансценденталног, нама казује: сви твоји
преступи и сви твоји греси нераздвојни су од тебе,
трајнији чак и од твојих оголелих костију и твог
пепела. Они су твоја једина веродостојна каракте-
ристика, сама твоја судбина. Дуг и мукотрпан је
твој пут до спасења.

РУКА У КРАТЕРУ

Прво искуство рата доживео сам 6. априла 1941. Тог јутра мајка, сестра и ја избезумљени од неочекиваног бомбардовања, бежали смо панично после првог таласа немачких авиона према Пашином брду. Нисмо се усудили да останемо и даље у подруму где смо потражили склониште од „Штука“ и њихових бомби. Једна од њих погодила је вишеспратницу преко пута, срушила је готово до темеља: истог трена задрхтало нам је тло под ногама, подрум се испунио густом прашином која је мирисала на влагу и малтер. Деца су зацвилела, жене зајаукале. До тог јутра рат је био за мене нешто што се догађа другима или нешто што се прати на биоскопском платну или чита у књигама: од прве експлозије бомби и застрашујућег урликања „Штука“ рат је почео да бива и мој лични доживљај, уместо да остане и даље моја искључиво романтична представа о њему, несвестан да су то били тек први наговештаји једне неочекиване апокалипсе.

Хитајући Пашином брду по топлом, сунчаном дану, са смешно малим пртљагом у руци, пролазили смо добро знаним улицама, чији су изглед експлозивне и запаљиве бомбе увелико, на наш ужас, измениле, мада је доста зграда остало поштеђено: основни тон су давале куће које су гореле или су их пак бомбе претвориле у рушевине, као и кратери на улици и тротоару, из којих су вирили извијени или покидани каблови.

Код Карађорђевог парка чекао нас је још већи ужас: у горњем делу парка указао се као у кошмарном сну огроман кратер, изврнута купа чија је геометријски округла основа са свим својим страхотама гледала право у чисто плаво небо: ископавши џиновску рупу силна експлозија је из земље избљувала све што је било у њој али и све оно што се налазило на површини.

„Ох, Боже!" – узвикнула је мајка угледавши пре мене и сестре стравичну слику: комаде разнетог људског тела и парчад одеће по гранама околног дрвећа које је одолело експлозији. Очигледно, помислио сам, велика бомба морала је да погоди пространо подземно склониште у самом парку, ископано баш уочи рата.

Застали смо за тренутак, упркос паничном страху који нас је гонио да са овог места што пре побегнемо главом без обзира. Било је то јаче од нас. Као што је Орфеј морао да се осврне за својом Еуридиком, и ми смо, у свом ужасу и паници, морали да се окренемо и да још једном осмотримо потресну слику, утиснемо у своју свест овај готово апокалиптични призор људског бесмисла: као да су нам ова огромна рупа и све ово разарање откривали једну мистерију која нам у свакодневном животу остаје скривена, недоступна али која се у свој својој, готово надреалној истинитости обелодањује тек у ситуацији каква је била ова.

– Слушај, птице – прекинула ме је сестра у мом горзничавом настојању да за сав овај стравичан спектакл нађем бар извесно објашњење без обзира колико оно било произвољно. Птице нисам видео. Чуо сам их: цвркутале су невидљиве на полуолисталим гранама ближњег дрвећа које експлозија није успела да обори већ само да на њих натакне или набаца раскидане делове људских тела и одеће. Као да се за ова створења пре само пола сата ништа није збило: експлозија је птице свакако растерала али оне које су преживеле експлозију убрзо су се вратиле својим гранама и својм гнездима. Њихов страх трајао је тек неколико часака, мој је тек почињао.

Једним делом пута морали смо да идемо уз сам руб кратера, и управо када смо му били најближи нешто сам запазио: из расуте земље, готово на самом рубу, вирили су танки прсти једне уске дуге шаке. Нису то могли да буду прсти неживог човека: мицали су се једва приметно, без икаквог грча попут, не знам како ми се то учинило, простртог рубља на благом поветарцу. Застао сам у жељи да се уверим да ли ми се то мицање прстију само привиђа. Није то могла да буде оптичка варка: прсти су се покретали као по неком веома успореном ритму, али не сви истовремено, него, како ми се чинило, сваки од њих понаособ. Затим сам уочио још нешто: повећи прамен косе тамније од земље из које је она делимице вирила. Морале су то, закључио сам, да буду глава и шака истог несрећника кога је експлозија одбацила до самог руба кратера али га њена разорна моћ није одмах и усмртила.

Шаку која вири из земље мајка и сестра нису приметиле. Нисам желео да им скренем пажњу на овај призор како их не бих још више успаничио. Постојао је још један разлог што сам тако поступио: журило ми се, стало ми је до тога да се што пре домогнемо безбеднијег дела града, уверен да ће „Штуке“ на Београд поново, можда већ следећег тренутка кидисати. Страх од смрти био је јачи од свега у мени, поготово после сусрета са кратером, раскомаданим телима, прстима који још дају знаке живота, птицама чија је несвесност и равнодушност сав овај ужас, рекло би се, још само увеличавала. Био је то рат, његова стварност толико другачија од оне када се рат још није својом грмљавином огласио.

Нисам био херој. Бежао сам кукавички, без обзира на танке, дуге прсте који као да су се само мени обраћали, људском створењу које је тих тренутака било можда једино у свету кадро да помогне. Видео сам их, видео како се мичу, скоро преклињући без гласа који је, иако нечујан, био упућен само мени, човеку коме је тада била далеко важнија безбедност Пашиног брда него да се заустави и почне голим рукама да разгрће растреситу земљу са тела непознатог несрећника. Али, ја сам бежао, спасавао себе и своје најближе, и данас свестан тога да у протеклом рату нисам никог физички повредио али да сам зато својим кукавичлуком допринео да се један живот угаси иако му је можда било спаса.

Непуне две недеље касније налазио сам се поново у свом дому. Вратили смо се са Пашиног брда, јер се рат завршио сломом наше војске. Вратио сам се свом дому до краја отрежњен, попут човека који је за кратко време стекао позамашно животно искуство: схватио сам да рат нису само рововi, битке, погибије, већ и почетак осетних лишавања и почетак озбиљних одговорности и искушења којих сам до тада био поштеђен. Још истог дана, по повратку, нашао сам се први пут у животу у редовима, чекајући хлеб у Сарајевској улици испред једне пекаре, у страху да га не дочекам. Имао сам среће: добио сам претпоследњу векну и сав озарен пожурио кући удишући уз пут мирис топлог, тек испеченог теста. И онда једно болно отрежњење: у Милошевој улици пролазила је дуга колона наших заробљених војника. Наоружани Немци терали су их онако запуштене, изнурене, изгладнеле и утучене да се брзим кораком крећу према железничкој станици. Застао сам пред призором, боље рећи, болном јавом свог дојучерашњег сна о неопобедивости наше армије: поред мене су пролазили људи мени тако блиски, које је тежак пораз терао далеко у понижавајуће заробљеништво.

У својој утучености нисам био способан да уочавам појединце. Сви су се, тако посустали и јадни, стапали у потресну и крајње упечатљиву слику националног пораза, у којој нисам примећивао индивидуе него тренутно стање и тренутну судбину нашег целог народа. И затим, готово ошамућен овим призором и сазнањем зачуо сам глас који је морао да се обраћа само мени: „Дете, дај ми га!“ Пренуо сам се: то се заиста само мени обраћао неки постарији војник у дугом раскопчаном шињелу, са шајкачом забаченом уназад, зарастао у већ проседу браду. Гледао ме је приближујући се с десне стране, у нади да ћу се одазвати његовом позиву и добацити му хлеб чији је мирис и са тог одстојања морао да се осети. Хтео сам да му испуним жељу али сам из страха од Немца, једног од спроводника колоне, оклевао да то учиним и онда када је уморни, изгладнели војник пролазио испред мене са испруженом руком. Нисам био спреман да ризикујем. Међутим, није оклевала једна средовечна жена која је стајала поред мене такође са миришљавим хлебом у руци. Била је храбрија од мене: приближила се за корак брадатом заробљенику и пружила му хлеб. „Халт!“ узвикнуо је истог тренутка немачки војник, спроводник колоне, машивши се пушке, али пре у знак упозорења него намере да је и употреби. Хлебац је остао у руци нашег човека, жена му је махнула, колона је истим темпом одмицала а ја сам, постиђен пред самим собом, стајао са још топлим хлебом у руци.

ЖЕНА У СУМРАКУ

Упркос свом првобитном немирењу са окупацијом почео сам, неосетно, да се постепено привикавам на ново стање. Тог дана, крајем јуна, враћао сам се касно кући, скоро у сутон, под снажним утиском једног прошлонедељног догађаја: напада Немаца на Русију. Више није било никакве сумње: рат је коначно ступио у одлучујућу фазу и претходну неизвесност око његовог трајања сменила је нада да ће ова велика драма морати да се убрзо заврши. Мисао да се на Истоку води одлучујућа битка није ме свих ових дана напуштала: била је у мени и када сам обедовао, шетао, радио или читао, испуњавајући ме час надом, час зебњом, па и озбиљним страхом наводећи ме да размишљам логиком војног стратега или пак одводећи ме у сфере моје личне интуиције независно од свег досадањег историјског искуства.

Спуштао сам се низ улицу Војводе Миленка испуњен и даље мишљу на рат у Русији, који ће неминовно одлучити, како сам бивао све убеђенији, о судбини не само Европе већ и света идућих хиљаду година. И у таквом размишљању запазио сам једну необично импресивну слику: било је то Сунце које је на хоризонту с оне стране Саве тонуло кроз тамноружичасти простор иза Бежанијске косе. Упркос свој заокупљености будућношћу, морао сам да застанем да бих уживао у том сутонском призору као пред каквим узбудљивим пејсажем у музеју. Са овог места летњи сутон није никада био тако импресиван као сада али и тако готово нестваран и тајанствен: као да је требало да се само мало напрегнем па да у овом спектаклу дешифрујем једну поруку која се није тицала само мене већ истовремено и судбине овог света и судбине овог времена. Уписао сам слику у себе уживајући у њеним бојама, покушавајући да у том исконском, непатвореном призору разазнам његов последњи смисао који је морао да се скрива у њему. Не откриваш привид сутона, као да ми је казивао, већ се суочаваш са истином за коју нема речи него неисказиве слутње, те зато заборави на све док мене посматраш јер ћеш само тако, испражњен и растерећен, доживети и докучити истину која те толико опседа.

Зауставио сам се негде на половини улице коју на горњој страни пресеца Зринска, на доњој Милошева. Нисам померао поглед са панораме сутона који се, једног тренутка ми се учинило, налазио у склопу неког огромног олтара чије су се контуре назирале у дубини хоризонта. Сутону је било све подређено, он је чинио све споредним, ако не и привидним, непостојећим: и буку мотоцикла којим је италијански војник са перушком на шеширу великом брзином возио уз празну улицу, и цик ласта које су у ниском лету ловиле инсекте, и грају деце која је допирала из мени најближег дворишта. Потом је нешто неочекивано усталасало ово скоро заустављено, зачарано време: у мом видном пољу појавило се једно женско биће чије ме је кретање тргло из задивљености. Сутон је остајао нетакнут, али ја сам се на своју жалост враћао свету, времену, животу. Била је то млада жена у црној сукњи и жућкастој блузи. Појавила се изненада из Милошеве улице и упутила се, трчећи, узбрдо према мени. Мора да се налазила у великој невољи: борила се за дах пошто је без сумње сву своју снагу исцрпла још пре него што се суочила са стрмином улице Војводе Миленка.

Зауставила се сва задихана можда на свега два корака од мене и сместа се наслонила десном страном свог тела на зид, окренута леђима Милошевој улици. Без даха, знојавог лица, рашчупане косе гледала ме је својим крупним кестењастим очима које су већ саме по себи говориле о њеном душевном стању. Бежала је, али од чега и од кога?

Гледала ме је широм отворених очију лепих упркос панике која их је делимице изобличавала: као невидљиви сноп светлости страх је зрачио из целог њеног лица са широким јагодицама и нешто затупастим носем, и концентрисао се на моје лице, моје очи. Осећао сам као да ме те кестењасте очи готово заробљавају, хипнотишу, остављајући ми ипак слободу да се свему томе и даље чудим и питам како ова жена, нешто старија од мене, замишља да бих ја, случајни пролазник, могао да јој помогнем.

Посматрали смо се испитивачки неколико тренутака, два људска створа чији су се путеви необјашњиво укрстили али можда свесни тога да овај неочекивани сусрет из неке даље перспективе не мора да буде и сасвим случајан. Нисам имао довољно времена да трагам за одговором на ову енигму: из Милошеве улице, иза угла, искрсла су двојица мушкараца у светлим кошуљама различите боје. За тренутак су застали и онда, угледавши младу жену, појурили према њој. И они су се борили за дах, само мање од непознате жене која је већ по промени на мом лицу могла да схвати шта се збива иза њених леђа. Није се помакла, гледајући и даље у мене као неког ко би још једини на овом свету могао нешто да учини за њу: очигледно, одлучила је да се препусти судбини.

Шта сам у таквој ситуацији могао да учиним? Да се ставим у њену заштиту чак и по цену силе, што би можда још једино могло да има извесног ефекта, али што би свакако било узалудно и бесмислено. Али, и у преосталом делићу трена своје слободе непозната се негде у себи можда још надала таквом преокрету, таквом чуду. Међутим, ја сам ћутао, непомичан као статуа, стављајући до знања да у овој драми могу да будем само пуки посматрач.

Без отпора, крајње резигнирана, препустила се рукама својих прогонитеља. И када су је одвајали од зида није скидала свој поглед са мене. „Ништа од свега“ – као да су и те очи мени казивале. „Можда си могао бар да покушаш да ми помогнеш, али ниси ни прстом мрднуо! Па ипак, хвала ти и за то мало наде што си чак и тако пасиван пробудио у мени!“

Све се одвијало веома брзо, без речи, без неке прејаке динамике, безмало као саставни део неког ритуала који није грубо нарушавао лепоту и атмосферу сумрака. Тишину је прекинуо један од непознатих мушкараца. „Нећеш више!“ -- рекао је само ухвативши чврсто младу жену за надлактицу. И то је било све. Затим су без видљивог отпора бегунице све троје замакли за угао иза којег су се малочас изненада и појавили.

Стајао сам и даље на истом месту изненађен и збуњен, питајући се да ли је то што се малопре одиграло било ствар моје уобразиље, тренутак психичке лабилности. У реалност младе жене нисам никако могао да посумњам: оне њене крупне кестењасте очи, готово преклињући упрте у мене, сведочиле су више од свега да није могла да буде само необјашњив привид. У недоумицу су ме доводили њени гониоци: чинило ми се да ме уопште нису примећивали, као да за њих уопште нисам постојао или сам им био толико неважан да о мени уопште нису морали да воде било каквог рачуна.

Осетио сам потребу да се осврнем око себе, осмотрим људе за прозором како бих из њиховог понашања могао да закључим колико је истинито све оно што се пре тако кратког времена одвијало. Очи свих њих, како ми се чинило, биле су усмерене на мене, али у њима нисам откривао никакво чуђење, узбуђење и упитаност сличну мојој. Као да је за све њих то што се одиграло било нешто савршено природно, обично, свакодневно. „Ниси сањао“, те бројне главе на прозорима стављале су ми до знања, „али то што се збило није тако значајно да би због тога требало да се толико узбуђујеш. Најзад, шта је све то према овој тишини, овом сутону који и ти и ми посматрамо и који све ствари и све разлике, све несреће и сва објашњења брише и укида.“

Касније, када је време рата добило својство далеке прошлости, сетио бих се понекад тог чудно лепог сутона и те непознате прогоњене жене. Ко су били њени гониоци, питам се и сада? Полицијски агенти или чувари из оближње болнице за душевно оболеле или је све то била обмана, фрагмент једне драме стварније од њене целине? Нешто се у мени противило да младој жени припишем варљиву егзистенцију, видим у њој биће саткано пре од мог сна него од јаве: те очи које су се попут копља зариле у мене као могућег спасиоца имале су и својство и смисао позива да том угроженом, слабашном створењу по сваку цену помогнем – биле су ако не апсолутна потврда јаве онда свакако необорив доказ моје извесне саодговорности и извесне моје сукривице. Чак и да је све то била само једна фатаморгана нисам могао себе да сматрам сасвим недужним: ништа не може да оправда нашу пасивност у невољи других, макар то било и у сну.

ИРЕНА

Рат је пореметио моје планове, тачније, одложио их на неодређено време: морао сам да прекинем студије на Правном факултету и потражим неки посао. Нисам дуго чекао: нашао сам га у мојој близини, у пивари.

Кроз широку, гвоздену капију пиваре нисам први пут прошао истом по свом запослењу. Са калдрмисаним двориштем ове фабрике и околним зградама упознао сам се још у детињству захваљујући школском другу Алфреду Бекеру чији је отац Штефан у оно време био главни мајстор пиваре. Често сам одлазио Алфреду, бар једном недељно а наша игра састојала се углавном у томе што смо непрестано трчкарали по дворишту и пролазили просторијама где улаз није био забрањен. Лети, у данима великих жега, волели смо да се задржавамо у расхлађеним подрумима где се лагеровало пиво, дугачким ходницима који су мирисали на пиво и мемлу и подсећали нас на хладне, ненастањене казамате. Зими смо бирали другачије објекте, најчешће загрејану машинску халу импозантну највише по својим парним машинама и њиховим замајцима. Ипак, нешто нас је привлачило и зими и лети више од свега другог: делови одбачених апарата и машина скупљених у гомилу у близини коњушнице, по којој смо пребирали и издвајали оно што је у нашој уобразиљи подсећало на неко оружје које би могло да нам послужи у нашој борби са једном „непријатељском“ бандом са Сењака. Но, детињство је имало свој крај: неколико година пред рат умро је Штефан Бекер, па је убрзо после тога Алфред заједно са мајком и сестром отпутовао свом стрицу, власнику једне грађевинске фирме у Аустрији.

Средином маја 1941. ступио сам на посао. Кратко али не превише званично директор Новачек је поразговарао са мном и одредио ми радно место: у ово време, објаснио је, најцелисходније би било и за пивару и за мене, пошто сам завршио абитуријентски курс, да будем помоћник Роберта Зајдла, шефа магацина.

Зајдл, Немац из Новог Сада, човек четрдесетих година, крупан, висок, изразито црвеног лица са набреклим плавкастим капиларима, одмах ме је упознао са дужностима магационера. Мој долазак га је очигледно обрадовао. Већ сутрадан схватио сам због чега није скривао своје задовољство што је добио помоћника: добар део дана проводио је на раду у културбунду и у таквој ситуацији моја помоћ била му је драгоцена. Чини ми се да се дирекција пиваре устезала да му стави до знања да његов рад у културбунду не би требало да иде на уштрб његовог рада у магацину. Али, он сам је био свестан па ме је зато оберучке прихватио. Међутим, наш тандем је био кратког века. Почетком јула, обучен у униформу маншафта, опростио се од мене и осталих службеника пиваре. Немци су напали Русију.

– Не кидам са пиваром. Вратићу се кад дође време – објаснио ми је. Тако сам остао сам у магацину: дирекција није сматрала да би неко други требало да наследи Зајдла.

Брзо сам се сродио са људима пиваре, њеним радницима и службеницима, од којих су у већини били Срби. Примили су ме без икаквог подозрења иако је моје презиме звучало немачки. Ценили су то што сам био студент и што ме је само невоља натерала да се пре времена запослим. А неки су ми готово одмах ставили до знања да ме највише цене због околности што се, као Немац пореклом, нисам пријавио и декларисао као Немац.

Прозор мог бокса у магацину састављен од шест стаклених квадрата подсећао ме је на прозоре у кабинама путничких бродова: из свог крајње скученог простора могао сам да видим само делић спољњег света, али делић који је сам по себи указивао на величину тог света. Прозор је имао и решетку, па сам се понекад осећао као у каквом казамату, а са своје столице за малим писаћим столом видео сам само део пиваре и њеног калдрмисаног дворишта. Поглед је заклањала сива сладара која је деловала веома суморно. Поред ње, нешто удесно, мировао је „Сантинел“, теретно возило на парни погон, односно на угаљ, којим је управљао Петар Ракић. Погледу се нудио и један део биркелера, а уколико би неко прошао поред самог прозора онда би ми његова глава и горњи део трупа готово сасвим заклањали видик. Понекад сам се у мом боксу са решткастим прозором осећао као Лајбницова монада: са своје столице гледао сам свет, али свестан тога да мој поглед није и поглед других на свет.

Убрзо по запослењу запазио сам да поједини радници одржавају, готово без одступања, увек исто одстојање од мог прозора. Електричар Ернст Улман имао је обичај да иде уз сам зид, за разлику од возача Петра Ракића који се несвесно определио за нешто веће одстојање, тако да сам могао да га видим готово целог. Своје одстојање имали су и остали радници пиваре, па сам после неколико месеци био кадар да готово са сигурношћу предвидим на ком ће одстојању свако од њих да прође. Нисам био способан да утичем на живот који се одвијао пред мојим очима, али сам зато известан смисао и разоноду налазио у томе да погађам на каквом ће одстојању поједини радници и станари пиваре да прођу испред мојих очију.

Почетком јула, неколико недеља по мом запослењу, угледао сам кроз прозор магацина нешто што ниједног тренутка нисам очекивао: фигуру једне фино одевене жене. Појавила се изненада, попут фатаморгане, управо када сам, по ко зна који пут тог дана, подигао очи са књиге требовања материјала и жељан слободног простора управио их у прозор. Нисам оклевао: излетео сам из магацина у намери да се осведочим у реалност мог виђења. Није то био привид: преко калдрмисаног дворишта пиваре корачала је према коњушници једна висока, витка плавуша у хаљини слезове боје.

У дворишту пиваре виђао сам жене различитог доба: нешто млађе од мене али и доста старије. Висока, тамнокоса Матилда, жена Ернста Улмана, била је можда десет година старија од мене, док је Ксенија, млађа кћерка машинисте Шуменковића, изразита црнка, доста развијених листова, такође један од станара пиваре, имала највише шеснаест година. И једна и друга биле су на свој начин лепе, али њихова лепота, некако срасла са амбијентом пиваре, није се ни превише уочавала нити је, бар мене, узбуђивала.

Елегантна, плавокоса жена била је нешто друго, одмах сам закључио: лепота необјашњиво искрсла преда мном. Све се на њој толико разликовало од жена које сам до тог дана видео и виђао у пивари: и стил одевања, и ход, и држање. Кроз прозор магаинца видео сам је из профила, а са врата с леђа. Корачала је опуштено, нешто погнуте главе, држећи омању котарицу која је својом величином више приличила некој девојчици него жени њених година. Било ми је јасно да се у овом дворишту није први пут обрела, али било је јасно и то да јој је ово двориште страно. Испред сладаре поздравио је дубоким наклоном један радник; очигледно, непозната је била само мени, новајлији.

Пратио сам је погледом, стојећи на вратима магацина, све док на моје изненађење није ушла у један од станова коњушара и кочијаша. Потом сам се вратио у свој бокс, опседнут и даље сликом непознате жене, заокупљен питањем — ко је она, шта тражи овде? Одбацивао сам сваку претпоставку да је могла да станује у пивари, а околност да је њу са толиким уважавањем поздравио један радник наводила ме је на закључак да је неко од њених најближих — отац или муж — морао у пивари да буде веома утицајна личност.

Било је логично да се врати истим путем којим је и дошла. Нестрпљиво сам ишчекивао тај тренутак: готово да нисам скидао поглед са прозора или бих сваких неколико минута излазио пред магацин у нади да ће се најзад појавити и да ћу је видети с лица. Морао сам да сачекам двадесетак минута док се та прилика није указала, а када сам по ко зна који пут стао на врата магацина, угледао сам је на двадесетак метара од мене.

И са тог одстојања схватио сам да је било довољно разлога што ме је њена појава фасцинирала, а када ми се приближила још више, увидео сам да је старија него што сам првобитно претпостављао али и да је за нијансу отменија него што сам у први мах закључио. Ходала је нешто погнуте главе као неко заокупљен мислима, самим тим у већој или мањој мери одсутна, водећи ипак рачуна о томе да својим лаким, светлим сандалама треба да корача обазриво по дворишној калдрми.

Имао сам довољно времена да са врата до танчина осмотрим њено лице: чело високо, нос танак, мало шиљаст, јагодице можда несразмерно

широке за њено узано лице, очи сивоплаве над-
свођене дугим полукружним обрвама нешто та-
мнијим од косе. Бесумње лепа иако су се у тој ле-
поти могли да уоче и извесни, једва приметни,
нескладни детаљи. Но, без обзира на то била је то
жена која оставља дубоку бразду у мушкарчевој
свести.

Прошла је поред мене, укопаног у вратима
магацина, не одајући никакве знаке да ме је опа-
зила. Као да сам био невидљив, ништа мање од
ваздуха, што је погађало моју сујету. Упркос то-
ме, нисам скидао очи са ње док се удаљавала ла-
ким, елегантним ходом, са котарицом у руци која
је увелико доприносила томе да је ова жена у сво-
јој неусиљеној отмености могла да делује готово
љупко.

Удаљавала се и ја сам, још пре него што ми се
изгубила из вида, схватио да бих нешто изгубио
уколико је више не бих видео.

Десетак минута касније појавио се Ернст Ул-
ман, електричар. Не снебивајући се, запитао сам
га да ли познаје лепу плавушу која је малопре про-
шла двориштем.

— Зар не познајете госпођу Ирену, супругу
Уроша Крстића — Ернст се искрено чудио: већ из
самих његових очију и његовог гласа могло се за-
кључити да су Незнанка и њен муж личности то-
лико познате да бих и ја, новајлија, безусловно
требало да их знам. Затим је додао: — Урош Кр-
стић је поред Блетнера главни акционар пиваре.

— А шта ће његова жена овде— запитао сам.

— Дошла је да посети Љубинку.

Љубинка је била, Ернст је укратко објаснио,
удовица најстаријег кочијаша пиваре, жена без
деце и иког свог. После мужевљеве смрти треба-
ло је да напусти стан у коме је провела преко три-
десет година. Међутим, Урош Крстић се заузео да

и даље остане у пивари, бесумње из захвалности према овој жени која је седам година неговала његовог оца када га је мождани удар привезао за постељу.

Стари Крстић имао је неограничено поверење у Љубинку и њеног Станимира, јер су сви, њих троје, житељи истог села, гоњени немаштином, истовремено напустили свој крај и потражили срећу у Београду. Стари Крстић се боље снашао, али иако успешан човек у трговини и индустрији, није заборавио мање успешне и срећне супружнике: Станимира је запослио као кочијаша у пивари а Љубинку као једног од чланова послуге у својој пространој кући у центру града.

После очеве смрти Урош Крстић наставио је да води води бригу о Љубинки, поготово када је њу као удовицу несрећни пад везао за кревет: анга- жовао је жену једног коњушара да се стара о не- моћној жени а своју супругу, госпођу Ирену, при- волео да с времена на време обилази Љубинку.

Од тог дана ишчекивао сам тренутак да је угледам кроз прозор магацина, или, што сам ви- ше прижељкивао, да се мимоиђемо у дворишту. Свиђала ми се, али некако другачије него Ната, директорова секретарица: док ме је Ната, сензу- ална упркос својим поодмаклим годинама, испу- њавала углавном приземним емоцијама, не буде- ћи у мени због тога било какво осећање греха и кривице, дотле ме је госпођа Крстић испуњавала, рекао бих, чистијим осећањима: као да се нешто у мени противило да у овој жени видим искључиво физичку лепоту пошто бих у том случају, такав сам утисак имао, неминовно оскрнавио њену, по- мало охолу али фину, нежну лепоту а самим тим повредио и њу као личност. Био сам у то време сам себи загонетка: да ли сам се према њој тако односио из неког скривеног страхопоштовања према њеном мужу од чијег је расположења зависио мој опстанак у пивари, или је мој став према њој, бар у прво време, одређивало нешто чега у први мах нисам био довољно свестан?

Крстићеви су се убрајали у најбогатије људе Србије, и позамашан пакет акција пиваре био је тек део њиховог иметка, али оног коме су придавали изузетан значај. После смрти старог Крстића акције су припале Урошу док су акције неколицине предузећа и банака припале Стевану. Браћа, која су присно сарађивала и даље, неговала су своје породичне везе, управљајући својим богатством ништа мање успешно од оца, тако да су пред рат избили у сам врх највиђенијих предузетника.

За Уроша Крстића сазнао сам одмах по ступању у пивару, али сам га први пут видео тек после мог сусрета са његовом супругом. Био је то крупан, црномањаст човек који се већ приближио четрдесетој. Крупне, тамне очи, дубоки залисци и помало слеђено лице било је оно што се на њему најпре уочавало. Остављао је утисак самоуверене, одлучне личности свесне свог утицаја и своје одговорности. Свиђао се женама пиваре, убрзо сам то закључио, али не само зато што их је, можда, опчињавала моћ његовог новца и имена. Ја сам га се помало прибојавао: у мојим очима оличавао је далеко више од добродушног акционара Блетнера, човека спремног да са неупоредиво више одлучности и жара брани у данима рата своје позиције у друштву.

Већ 1942. сазнао сам доста о Крстићевима, посебно о госпођи Ирени. За то време она је десетак пута прошла поред магацина, увек са истом котарицом у руци, одевена пригодно, али никад нападно. Чини ми се да је зими била најпривлачнија у бунди од нерца, шубари од истог крзна и кратким крзненим чизмама. Крзно је очигледно чинило млађом и рекло би се живахнијом. Међутим, у нечему се уопште није мењала: за тих годину дана ниједном није дала било каквог знака или наговештаја да ме је уочила, било да сам стајао испред врата магацина или да смо се мимоилазили у дворишту. Отпоздрављала је, али некако месечарски одсутна те сам се редовно питао: да ли је тада бивала заокупљена неким својим проблемима или сам ја за њу био човек без имена, без идентитета, због којег није вредело ни да се отварају уста ни да се напрежу очни мишићи. Наравно, такво игнорисање моје присутности могло је да ме заболи али не и да почнем због тога да је у својим очима срозавам као личност и као појаву.

Била је полурускиња: њен отац, Србин, генерал школован у царској Русији, оженио се још пре Првог светског рата Софијом, ћерком осиромашеног племића из Брјанска. Физички, Ирена је, како су тврдили, личила на мајку док душевно и карактерно није: Софија, жена без много предрасуда о верности и браку, доводила је Ирениног оца до очајања. Но, сви њени поступци и ексцеси, сувише јавни да би се могли прећутати, или сакрити, нису за генерала били довољан разлог да са њом раскине. Једном је, чак, и побегла од куће, да би се вратила свом мужу и својој ћерки тек два месеца касније. Генерал је и преко тога прешао: да ли зато што је ову привлачну, лакомислену, несталну жену сувише волео, или што своју јединицу није желео да лиши мајке, чак и такве каква је била.

Госпођа Крстић није за собом имала само свој родослов. Имала је и своју личну прошлост а то је управо било оно што ме је највише интересовало. У то поглавље њеног интимног живота ступао сам корак по корак, највише захваљујући Нати и њеним колегиницама. Урош Крстић, њен муж, није се појавио први у њеним девојачким годинама: још као ученица седмог разреда елитне II женске гимназије заљубила се у једног студента, сина неког ситног београдског трговца који је имао радњу у Макензијевој улици. Била је то, бар са њене стране, снажна веза која је трајала све док имућни стриц из Буенос Ајреса није њеног младића позвао да једно лето проведе код њега. Иренин несуђени вереник је отпутовао али се више није вратио: превладала су осећања према стричевом богатству над осећањима према кћерки једног генерала који осим свог чина и своје чудне жене ништа више није имао.

Гимназијалка Ирена пребродила је тај ударац, рекло би се тежи од свих удараца које је њој и оцу мајка нанела. Затим се појавио Урош Крстић, богаташки син који за собом није имао сјајан педигре, али је зато имао оца веома цењеног у пословном свету. Био је десет година старији од ње. Очигледно да се озбиљно заљубио у њу а Иренина несрећна љубав и несталност њене мајке није могла да буде разлог да је једног дана не запроси. Годину дана после њене удаје отац је извршио самоубиство док је још исте године њена мајка која се у међувремену одала пићу, завршила живот под трамвајем!

И тако, слажући мало-помало каменчиће из биографије госпође Крстић схватио сам да је та лепа, богата жена имала за собом крајње тешке тренутке и да је можда и даље живела оптерећена трагичним крајем својих родитеља. Да ли је то разлог што је ниједном нисам видео ведру: посматрајући је, било кроз прозор магацина било када би се нашла ближе мени у дворишту, али никада толико близу да бих заронио у дубине њене душе, откривао сам тако ми се бар чинило, скривену тугу жене за коју ни њено богатство ни њен положај у друштву, па чак ни њена лепота нису могли да буду јемство истинске среће. Бивао сам склон, нарочито од када сам сазнао за драму њених родитеља, да у њеној личној судбини распознајем исту нит сталешке декаденције, тако очигледне у судбинској драми њене мајке, изданка аристократске породице пропале још пре револуције, само са том разликом што је Ирена Крстић историјску уклетост своје класе подносила стоички и свакако достојанственије од своје мајке.

Упознавајући се као гимназијалац са историјом света увек сам пре саосећао са судбином владара и народа које је истрошени животни елан осудио да спорије или брже пропадају, лишени снаге да се супротставе налету народа и маса у њиховом безобзирном, бруталном походу. Револуције нису никако могле да ме понесу, готово ме је ужасавала та силина са којом се рушио не само један поредак већ, имао сам утисак, и сам свет, само зато да би се остварило нешто што још није постојало и што никада неће моћи да се оствари.

Управо у Ирени Крстић, односно у њеној судбини откривао сам реквијемску лепоту тог сталешког слома који је, према мом утиску и мојој зебњи, морао неминовно да буде и слом света коме сам и ја припадао. Тој жени сам се дивио и истовремено је сажаљевао, не само због тога што је и сама помисао на њу осмишљавала и улепшавала моје часове у боксу магацина већ и због наде да ћу је срести у дворишту или угледати кроз прозор. Додуше, понекад би се нешто побунило у мени против овог мог дивинизовања Ирене Крстић и терало ме да се и против сопствене воље запитам: нисам ли ја овој жени приписивао нешто што је била само моја фикција, стварао од ње трагичну хероину иако она можда саму себе таквом уопште није сматрала? Но, на таквим сумњама нисам могао нити сам желео да устрајем пошто ми је, очигледно, далеко више стало да сачувам у себи своју, макар и нереалну представу, него огољену истину о њој.

Почетком 1944. контуре те будућности на Балкану већ су се јасно оцртавале: под силним притиском Немци су били приморани да се повлаче, препуштајући своје савезнике на милост и немилост Руса. И те, последње године рата, Крстићка је пролазила бар једном месечно двориштем пиваре оним својим истим, елегантним, смиреним ходом из којег се ни најмање није могло закључити да ли је уопште била свесна шта се све збива у близини наше земље и шта њу и њену породицу очекује. Ништа другачије није се понашала ни према мени: за њу сам био невидљив, готово непостојећи, ништа мање него пре три године.

Последњи пут сам је видео средином септембра у данима када су се Немци већ увелико повлачили на свим фронтовима. Са котарицом у руци, у лакој тамноплавој хаљини, одлазила је последњи пут Љубинки. Знао сам да је више никада нећу видети: неколико дана пре тога Ракић ми је ликујући саопштио како се Крстићеви припремају за одлазак. „Нешто су закаснили“ – Ракић је био ироничан – „Да долазе Енглези уместо Руса не би се свакако паковали.“

Као увек, истрчао сам из магацина, пратио је очима, у жељи да ту слику задржим што чвршће у свом сећању. Ходала је у светлим сандалама ниских штикли преко калдрме, као неко несвестан шта се све збива на стотинак километара од нас. Импоновала је та њена мирноћа, лежерност иако јој је предстојао одлазак из града у коме је провела цео свој век, можда одлазак у сâм пакао: савезници су немилосрдно бомбардовали Немачку, а она и њена породица могли су да потраже уточиште само у тој земљи. Онда сам опазио Гаврила: ишао јој је у сусрет.

Гаврило је са родитељима и братом становао такође у дворишту пиваре, у близини Љубинкиног стана. Његов отац провео је у ледари готово сав свој век, стекао велико поверење дирекције што му је омогућило да оба сина запосли у пивари. Међутим, Гаврило је убрзо изгубио посао: појавили су се знаци душевног поремећаја од којег је, како се тврдило, боловао и његов стриц, некадањи радник у маркарници.

Виђао сам га често. Пролазио је поред магацина неуредне косе, очију мутних чак и када није био под дејством пива до којег је, упркос забрани лекара, некако успевао да дође. Лутао је без циља околним улицама или одлазио у ближњи парк где би понекад сатима остајао. Понекад би говорио сам са собом гестикулирајући, у уверењу да говори са невидљивим сабеседником. Никог није поздрављао, ни директора, ни акционаре, ни Крстићку када би се мимоишли у дворишту. Било је дана када би гласно псовао и освртао се око себе претећи руком ваљда целом свету. Ипак, према мишљењу лекара није представљао опасност по околину.

Овог пута био је у фази општења са имагинарним сабеседником. Довољно сам га упознао да бих то већ и по самом његовом држању могао да закључим: ходао је споро, несигурно, гестикулирајући. Пратио сам га помно, закључивши да ће на неких двадесетак корака од мене да се мимоиђе са Крстићком која га је очигледно опазила, али не показујући никаквим знаком да се плаши сусрета са овим полусвесним човеком.

Затим се догодило нешто неочекивано: пре него што ће проћи поред Крстићке Гаврило скрену у страну право према њој, рекло би се у намери да на њу насрне. Нисам оклевао: јурнуо сам у жељи да се ставим у заштиту Крстићке уколико то буде потребно. Међутим, док сам грабио према њој запазио сам да она уопште не оставља утисак ни преплашене, ни збуњене жене: зауставила се готово спокојно у очекивању даљег расплета.

Такво спокојство госпође Крстић није било за мене довољан разлог да одустанем од намере да је заштитим уколико буде потребно. Гаврило се зауставио испред саме Крстићке не показујући било какав знак да има нешто против ње. Али, моја жеља и потреба да се прикажем као заштитник госпође Крстић натерала ме је да одгурнем Гаврила, али не прејако, из бојазни да га онако несигурног на ногама не оборим и повредим, већ да му само дам на знање да се стављам у одбрану госпође Крстић. Међутим, прерачунао сам се; одгурнуо сам га ипак јаче него што је требало: Гаврило се затетурао и полетео ка земљи. Срећом није пао: успео је да се задржи на једној руци и у таквом положају остао је неколико тренутака, гледајући ме својим замућеним погледом у коме се осим људске беспомоћности огледало можда и неко изненађење али не и срџба.

И тек тада, видевши његове очи, допрло ми је до свести да пред собом имам једно слабашно биће које, живећи у свом посувраћеном свету, уопште није било кадро да науди ником другом до самом себи. Шта ти је човече — као да су те очи казивале — зашто си ме оборио када ни теби ни другима нисам ништа нажао учинио? Тек тада, видећи га тако беспомоћног, ослоњеног и даље једном руком на земљу, јадног у својој залудности и запуштености, схватио сам још пре него што је госпођа Крстић реаговала, колико сам био брзоплет и несмотрен.

– Побогу! Шта вам би – рекла је обраћајући ми се први пут током три године.

Глас јој је био танак, готово пискав, сасвим другачији него што сам могао према њеном изгледу да претпоставим. Осетио сам се донекле повређеним, ни сам нисам знао због чега: да ли особинама њеног гласа или чињеницом што се према мени готово арогантно односила уместо да ми буде макар мало захвална што сам бар испољио добру намеру да се ставим у њену заштиту.

– Помозите му да се дигне – настављала је и даље заповедним тоном, онако како је приличило жени њеног друштвеног ранга али не и мојој дотадашњој представи, боље рећи заблуди: преда мном није више стајала жена коју сам упркос њеном богатству сажаљевао, већ супруга главног акционара, личност и даље уверена у своју друштвену надмоћност, у своје право да заповеда иако је то у садашњој ситуацији било крајње илузорно.

Стајали смо једно према другом просторно никад ближи, емотивно никад даљи. Мада озлојећен њеним понашањем, искористио сам тренутак те близине да је детаљно осмотрим – можда у подсвесној жељи, или из неког реванша, да је видим мање лепом него што је била у мојој ранијој представи. Упркос свему лепа је, закључио сам и против своје воље: њене очи, сивоплаве, нису биле хладне и сурове мада сам сада прижељкивао да буду такве: негде у њиховој дубини, у најскривенијем кутку људског бића и људске мистерије као да се назирала нека благост иако сам желео да у њима откријем бар трагове неке хладноће и окрутности.

У свакој другој прилици сместа бих помогао Гаврилу да стане на ноге, али сада сам за тренутак оклевао, знао сам да у овим тренуцима пиваром више нису владали ни Блетнер ни Крстић. Пред армијама Руса и партизана пакети њихових акција изгубили су тих дана сваку вредност и значај. Могао сам без икаквих последица да не послушам госпођу Крстић, да се удаљим не помогавши Гаврилу да се дигне, јер је сада Петар Ракић, чији је „сантинел“ недељама мировао у близини магацина, већ оличавао власт која ће све у друштву изменити и све другачије вредновати а можда и све упропастити. Све је било против жене пред којом сам стајао и која је, помало нервозна, ишчекивала да се одазовем њеној наредби.

Повиновао сам се њеној вољи. Тих тренутака искључиво је од мене зависило како ћу реаговати на наређење госпође Крстић: да је послушам или будем први у пивари који ће јој јасно дати на знање да је богатство њеног мужа изгубило своју некадању магичну моћ и сву своју друштвену принуду и да се разлика између једног магационера и акционара свела на нулу. Штавише, сада сам био надмоћнија страна. Међутим, жеља за реваншом није превладавала, нешто се противило у мени да само једним потезом уништим све оне нити којима сам током три године градио своју илузију о овој жени коју је исход рата довео у једну можда за њу претешку невољу. Морао сам тако да поступим: нисам желео да њој, губитнику, распршим последњу заблуду о сопственој моћи, коју је чак и тих дана, у припремама за бекство, још имала о себи. Било је то једино што сам за њу могао да учиним.

кција изгубили су тих дана сваку вредност и зна-
чај. Могао сам без икаквих последица да не по-
слушам госпођу Крстић, да се удаљим не помогав-
ши Гаврилу да се дигне, јер је сада Петар Ракић,
чији је „сантинел“ недељама мировао у близини
магацина, већ оличавао власт која ће све у друш-
тву изменити и све другачије вредновати а можда
и све упропастити. Све је било против жене пред
којом сам стајао и која је, помало нервозна, ишче-
кивала да се одазовем њеној наредби.

Повиновао сам се њеној вољи. Тих тренутака
искључиво је од мене зависило како ћу реаговати
на наређење госпође Крстић: да је послушам или
будем први у пивари који ће јој јасно дати на зна-
ње да је богатство њеног мужа изгубило своју не-
кадашњу магичну моћ и сву своју друштвену прину-
ду и да се разлика између једног магационера и
акционара свела на нулу. Штавише, сада сам био
надмоћнија страна. Међутим, жеља за реваншом
није превладавала, нешто се противило у мени да
само једним потезом уништим све оне нити који-
ма сам током три године градио своју илузију о
својој жени коју је исход рата довео у једну можда
за њу претешку невољу. Морао сам тако да посту-
пим: нисам желео да њој, губитнику, распршим по-
следњу заблуду о сопственој моћи, коју је чак и тих
дана, у припремама за бекство, још имала о себи.
Било је то једино што сам за њу могао да учиним.

Тек касније, када сам одрастао и сродио се са Миленом готово као са чланом породице почео сам, разговарајући са њом да сазнајем понешто из њене прошлости и да тако схватим разлоге који су је довели у Београд. Родитељи су јој били сиромашни сељаци из околине Ужица, а да би несрећа била још већа мајка јој је рано умрла. Био је то први ударац који је њу још несазрелу девојку погодио. Затим је затруднела али младић у кога се заљубила одбио је да се њоме ожени. Онда јој је умро отац, неколико недеља пре него што је родила ванбрачног сина. Брат је одбио да се стара о њој те јој није ништа друго преостало него да свог сина препусти на старање племенитој тетки, мајчиној сестри из суседног села, а она сама да потражи срећу у Београду.

Знали смо да има сина, али све до пред сам рат Вучка, тако се звао, нисмо видели. Милена га је посећивала кад год је могла, у нади да ће га једног дана довести у Београд. Није бединовала само код нас већ и код других, као код банкара Гавриловића, чија ју је жена, попут наше мајке, држала више из сажаљења него из праве потребе. Бесумње, онај ко би њу једном примио тешко је могао са њом да прекине: обезоруживала је њена судбина.

Једног дана видели смо и њеног Вучка. Налазио се на одслужењу војног рока па је тродневни допуст искористио да дође у Београд. Знатно виши од ње, плавих очију, мање изражајних од мајчиних, широких јагодица. Деловао је доста незграпно а понашао се смушено, ваљда зато што се први пут обрео у једној грађанској кући. Међутим, Милена се поносила својим Вучком: није скидала очи са њега и та њена нескривена љубав према свом детету највише је коснула моју мајку.

Неколико месеци касније Немци су напали Југославију и Вучка одвели у заробљеништво: Милена је остала сама: у међувремену умрла јој је тетка а брат никако да се на сестру смилује те њој ништа друго није преостало него да и даље одлази у куће у којима је раније бединовала. Међутим, са све већом ратном оскудицом почеле су да се кидају те везе па је једног дана изгубила посао и код нас. Ипак, није то значило да су јој врата нашег дома остала затворена! Долазила је и даље, чешће зими него лети, некако све ситнија, погрбљенија и све суморнија.

Заволео сам је на свој начин, што је значило да сам као дечак могао са њом да се готово грубо нашалим на рачун њеног изгледа и њене прошлости. Све је то она трпела без икаквог знака да је то погађа, иако на сва та моја задиркивања, како сам тек касније схватио, није могла да буде сасвим нерањива. А када сам се почетком рата запослио у пивари ја бих јој често силом гурнуо нешто новца у стегнуту шаку како бих се тако, бар донекле, искупио за бол који сам јој као дечак и нехотице наносио.

Сажаљевао сам је јер сам једног дана схватио како живот може, упознавши то управо преко њене судбине, да буде неправедан па и безуман: једном све да пружи, другом све да ускрати. А њу, Милену, лишио је ама баш свега: и породице, и дома и сигурности и наде. Да ли је њен живот, понекад бих се запитао, могао уопште да се назове животом, зачуђен како је у стању тако усамљена и лишена сваког ослонца, могла да опстане?

Подносила је своју беду и убоштво ваљда и зато што за боље уопште није знала, подносила сву ту животну и друштвену неправду без правог гнева и мржње, готово исто онако како други подносе оно што се сматра људском срећом, и управо та спонтана, стоичка помиреност са зледухом судбином доприносила је, како сам веровао, највише томе што су они који су је познавали могли да стекну утисак како је она крајње необавештена због свог сиромаштва и самоће, у основи несвесна и времена и историје, њихових бура и ломова, пошто је све то тек индиректно погађало. Сигуран сам да у своје време уопште није знала да се у Абисинији води рат а у Шпанији увелико гине, а још мање шта се све у Италији, Немачкој и Русији одигравало. Тек слом Југославије и долазак Немаца увео је њу силом у драматичне токове збивања, највише због тога што ју је национална катастрофа лишила синовљеве близине. А да до тога није дошло, извесно је, не би била кадра да ратно стање разликује од мирнодопског, јер је и у једном и другом трпела подједнака лишавања.

Било је тренутака када би ме помисао на њену беду готово ужаснула, али не бих дозвољавао да ме сасвим обузме: трудио сам се да ту помисао по сваку цену одагнам из своје свести. Било је и тренутака када бих јој се дивио, знајући са каквом помиреношћу и достојанством подноси све своје невоље.

У свежем сећању ми је један летњи дан када сам је, негде уочи рата, угледао на Теразијама. Седела је на ивици водоскока, и онако забрађена и неугледна посматрала како деца својим ручицама усхићено пљескају по води. Околина као да за њу уопште није постојала: ни трамваји који су поред ње пролазили, ни пролазници који су са обе стране трга промицали, ни људи за столовима испред „Москве“. Издвајала се у тој летњој слици од осталих својим држањем, тачније својом опуштеношћу, што сам вероватно могао да запазим само ја, сведок њене беде која би друге на њеном месту морала да чини далеко неспокојнијим, немирнијим. Морала је да буде гладна, ако не и жедна, немајући пред собом никакав други циљ до да тај дан некако проведе без огорчења и нервозе. Можда је тог тренутка на целом теразијском простору у нечему била особенија од осталих: помирена са својом судбином, чак и тако шкртом, преточеном у тренутке који се живе не размишљајући и од којих се ништа не очекује, она ми се учинила као чудесно оваплоћење људског достојанства. И тек тада, у магновењу, схватио сам једну истину коју сам у себи несвесно носио а које сам тек тада, суочен са Милениним достојанством, потпуно разумео: чак и у слици крајњег сиромаштва може да буде неке неисказиве лепоте и узвишености, далеко више него у бљеску и сјају највећег земаљског богатства.

Зима 1942. била је веома оштра, па је Милена долазила чешће него обично, готово из дана у дан да би поседела са нама у кухињи, јединој просторији која се у стану загревала. Снебивала се што нас тако често посећује, али другачије није могла: хладноћа је ломила њене обзире, нагонила да за неко време потражи топли кутак код оних спремних да је прихвате. Никоме од мојих није сметала, седећи на шамлици крај шпорета на коме је лонац са врелом водом увек стајао. Обично, сви смо тада бивали нечим заокупљени, сестра и ја књигама, мајка крпљењем чарапа док је Милена, склупчана попут мачке дремала на шамлици. Одлазила је пред сам полицијски час, са комадом хлеба или проје у руци, својој изби на Јатаган-мали, коју је делила са неком женом. А како је ово њено скровиште изгледало нисмо имали појма, можда и зато што ради свог унутарњег мира нисмо желели да се са тим упознамо.

Једном, исте зиме, када сам се вратио са посла у пивари и затекао је у кухињи запитао сам је како се код куће греје.

— Имам малу бубњару, али ретко успевам да дођем до дрва.

Нисам је тек онако запитао. Размишљао сам на путу од пиваре до куће како да јој бар зими помогнем. Имао сам један план, једноставан и изводљив: бацио бих кроз прозорче на тавану магацина, окренуто не према дворишту пиваре него на велики плац са којим се она са северне стране граничи, сваког дана понешто костолачког угља којим се загревао мој бокс, а што се, с обзиром на количину угља, уопште не би примећивало. Некада, пре рата, на овом плацу налазило се стовариште дрва и угља, које су окупацијске рестрикције и несташице претвориле у ледину црну од угљене прашине која се чврсто прилепила за земљу. Милена је требало да се у одређено време нађе на плацу и покупи комаде угља бачених са прозора на тавану. Околности су том плану ишле наруку јер се мрак рано спуштао а решетке на прозору биле су довољно широке да се кроз њих провуку омањи комади угља. Ова врста поткрадања пиваре у корист једне до зла Бога убоге жене могла је да се без великог ризика обавља, а на тај начин реши и загревање Миленине собе током зиме.

Наступила је и последња окупацијска зима. Милена ју је дочекала упркос свеколикој немаштини. Долазила је и даље код нас иако сам је снабдевао угљем. Приметно је омршавела, а за то време послала је три пута пакет свом Вучку у заробљеништву захваљујући увелико нашој помоћи. Пакете је отпремала моја сестра.

Назебао сам почетком веома хладног фебруара. Добио сам високу температуру, што ме је натерало да четири дана проведем код куће. За то време Милена нас је само једном посетила. И тог, другог дана моје болести седела је као увек на шамлици спуштене главе, омамљена топлином шпорета и водом која је у лонцу тихо клокотала. Никоме није сметала, штавише, тада ми се онако шћућурена, ненаметљива, учинила ближом него икад. Остала је дуже него обично, готово до пред сам полицијски час.

Нимало није отоплило ни тог јутра када сам први пут после прележаног назеба кренуо на посао. У близини пиваре придружио ми се један радник из флашенкелера. На педесетак метара од пиваре, испред капије, угледао сам Милену међу окупљеним људима који су чекали прилику да дођу до куваног јечма. Шта ће међу њима, питао сам се? Да ли зато што је током мог одсуства остала без угља па сада, пред капијом, жели да ме подсети на то или је постојао неки други разлог? Још са одстојања запазио сам како је јадно изгледала, онако помодрела, исушена, одрпана. Студен, а свакако и глад, утиснула је на њено лице свој траг, збрисала оно достојанство које сам понекад на њој откривао, учинила је јаднијом више него икад.

Верујем да у свакој другој прилици њен изглед не би имао никаквог утицаја на моју дилему да ли да јој приђем или не. Но, тог јутра нешто се у мени успротивило да јој се приближим или да је бар поздравим, ни сам не знам због чега. Да ли зато што сам после болести кренуо на посао мрзовољан, готово до костију прожет хладноћом или зато што сам се можда подсвесно стидео да пред радником из флашенкелера покажем било какав знак да лично познајем жену тако јадног изгледа? Можда и зато што ми се тог тренутка чинило најједноставније да прођем кроз капију претварајући се да људе, који су пред пиваром стрпљиво чекали, уопште не примећујем.

Осећао сам се веома нелагодно улазећи у двориште пиваре: имао сам утисак да ме је њен поглед продорно и знатижељно пратио, погођена чињеницом што сам је хотимично игнорисао. Почео сам да се кајем и себе да прекоревам. Зашто сам морао да будем такав? Зар да се постидим њеног изгледа, оглушим се о једно тако несрећно биће? Бесумње, учинио сам тежак, неопростив преступ, корио сам себе.

Било је још времена да се откупим за овај грех. Притискујући кваку на вратима магацина, која се од мраза лепила за руку, коначно сам одлучио да се што пре вратим и исправим своју грешку. У трку сам дојурио до капије: гомила је и даље, цупкајући од хладноће по калдрми, стајала на истом месту али у њој није било Милене. Удаљила се понета свакако неким својим поносом, надмоћнија од студени и глади који су тог тренутка морали да је море.

Није ми излазила из главе целог дана. Прогонио ме њен израз лица помодрелог од јутарњег мраза, опседале њене добре, готово светачке очи. У одређено време, када се увелико смркло, избацио сам кроз прозор више комада угља него обично, надајући се да ћу се тако бар делимично откупити за своје јутрошње понашање.

Следећег јутра, хладног као и оно претходно, међу људима пред капијом пиваре нисам угледао Милену. Сигурно је, помислио сам, сада у својој изби загрејаној јучерашњим угљем. За сваки случај погледао сам, чим сам ушао у магацин, кроз прозор на тавану: на своје запрепашћење угаљ који сам синоћ њој наменио и даље се налазио испод прозора. Тог тренутка нисам помишљао да би ова гомилица угља могла да ме компромитује. Нешто је било јаче од тога: осетио сам се крајње понижен пред самим собом, задивљен реаговањем Милене – показала ми је колико и у највећој беди човек може да сачува своје достојанство. Јадница се смрзавала али прошле вечери није дошла по угаљ! Био је то страховит шамар за мене, несвесна освета једне убоге жене, лекција узвишенија од свега.

Ни сам не знам како сам то подне провео. Био сам спреман да је потражим само да сам знао у ком делу Јатаган-мале станује: пао бих на колена, преклињао да ми опрости.

По повратку кући чекало ме је изненађење: мајку сам затекао уплакану. Можда један час пре мог доласка једна жена саопштила јој је да се Милена налази у болници ампутиране ноге и да је, чим је дошла свести, замолила болничарку да било како обавести моју мајку о томе шта јој се десило. Никог ближег од нас није имала!

Стање несрећнице је безнадежно, рекао је лекар мајци — локомотива јој је готово у висини кука одсекла десну ногу, и сепсу више ништа није могло да заустави.

Несрећа се збила дан раније, у подне, на теретној железничкој станици, тамо где се обично истоварају вагони са угљем. Милена је била неопрезна: у потрази за комадићима угља који редовно испадају при истовару, нашла се под точковима локомотиве. Само сам ја знао разлог који је њу довео на то место.

Лекар се није преварио у својој прогнози: умрла је сутрадан, пред саму поноћ.

— Госпођо, шта да радим са овим будилником — запитала је болничарка моју мајку — нашли смо га у њеној одећи. Био је то мали, покварени будилник, вероватно једина њена ствар за коју је Милена веровала да има бар извесну вредност.

КОЊИ АПОКАЛИПСЕ

Са Вељком Краварићем дружио сам се од малих ногу. Становао је са оцем у трошној дворишној кућици чија је првобитна намена била да станарима главне, троспратне зграде служи као перионица. Током времена њена намена се мењала па је на крају са своје три просторије постала стамбени објект у коме су сем Краварића живеле још две сиромашне породице.

Био је нешто нижи од мене, стално бледог, рекло би се болесног лица, плавозелених очију које су, тако ми се чинило, морале још од рођења да са извесним неповерењем и тугом гледају у свет. Храмао је од детињства: повредио је ногу у игри у коју су га деца из суседних кућа силом увукла. Његов отац, рано обудовели келнер, вечито припит, одвео га је уместо у болницу једној сусетки, надрилекарки за коју се тврдило да успешно лечи све повреде костију. Нажалост, Вељкова повреда превазилазила је њене исцелитељске моћи, па је тако мали Краварић био осуђен да храмље до краја живота. Истина, овај његов недостатак није био много упадљив: нагињао се при ходу на леву страну али не толико као један од наших вршњака из суседства. Шта више, у његовом храмању било је неке елеганције, ако не и неке дечачке љупкости, због чега га готово нико из куће није отворено сажаљевао.

Био је драг мојој мајци. Бринула се о њему колико је могла: често је ручао код нас, приморавали смо га да ужина са мном а могао је у свако доба да се склони код нас када би његов отац дошао из кафане пијанији и агресивнији него обично. Не сумњам у то да се моја мајка бринула о њему из сажаљења, али било је у томе, како верујем, и извесне рачунице: озбиљнији, вреднији и успешнији у школи од мојих другова, могао је позитивно да утиче на мене – далеко слабијег ученика од њега.

Од свих другова у школи и у суседству био сам му најближи, али не бих могао да кажем да је он био у подједнакој мери близак мени. Имао сам, за разлику од њега, много блиских другова а један од њих био је и Лазар Левензон, син богатог дрогеристе на велико, кога пак Вељко није нимало трпео вероватно зато што је био свестан колика га је провалија делила од њега.

У мојим и Вељковим дечачким данима један човек из нашег дворишта одиграо је, бесумње, значајну улогу: деда Марко, остарели, ислужени поштар, најближи сусед Краварића, и најстарији станар трошне кућице. Био је помало тајанствена личност: упорно је ћутао о својој прошлости, препуштајући нама, станарима троспратнице да сами састављамо, односно измишљамо његов животопис. Неки су тврдили да је некада био ожењен и да га је жена убрзо напустила, други да је одувек био неки чудак. Трећи су чак сазнали да је још поодавно одбацио монашку ризу и отишао у поштаре. У сваком случају, био је човек крајње необичан и та необичност га је можда и чинила тајанственим.

Имао је дугу, седу и ретку браду али безмало ниједну влас на глави, па је ваљда зато стално носио увелико деформисану и замашћену поштарску капу са којом је, како се причало, чак и спавао. Нос му је био бабураст и највише због тога ме подсећао на Сократа чији се лик налазио на једној од страница уџбеника историје. Можда је баш зато остављао на мене снажан утисак, снажнији од косматог и проседог господина Матића из високог партера, професора француског у пензији, који је чак и топлих дана носио помало похабани и избледели полуцилиндер, вероватно зато да бисмо га још више поштовали.

Деда-Марка сам уважавао на свој начин, за разлику од осталих укућана који су се са њим мање-више спрдали. Можда су ме импресионирали његово избочено чело и његове дубоко усађене очи чудног, продорног сјаја, које се тешко заборављају и због којих се готово уопште није примећивала његова спољашност: широке панталоне затегнуте обичним канапом, ципеле неодређене боје, отврдле од наталоженог блата, кошуље увек раздрљене пошто на њој није било ниједног дугмета, и црни већ позеленели сако несразмерно широких рамена, који је на њему стајао као на страшилу за птице. Нешто ми је казивало да се све то уопште није тицало деда-Марка и да су све те спољашње ствари могле само да заведу друге да донесу погрешан суд о њему. Истина, нисам ни покушавао да објасним због чега је себе запустио, јер је за мене деда Марко био оно што је зрачило из његове очне дупље и управо тај чудесни сјај његових зеница било је оно што га је чинило изузетним и значајнијим од спољашње углађености већине станара из троспратнице.

Топлих летњих дана волео је да седи на грубо истесаној клупици испод старог ораха, израслог готово на самој средини дворишта, чија се крошња одавно проредила али је ипак обезбеђивала пријатну хладовину. Читао је увек једну исту књигу: *Свето писмо*, скоро потпуно раскупусано, иако се према њему односио са крајњом обазривошћу. Читао га је помно, као да га први пут држи у рукама, на великом одстојању од очију, вероватно зато што су му недостајале наочари, а чинило се да би књигу још више одмакао само да су му руке биле нешто дуже. Очевидно, *Свето писмо* га је заносило, опијало, чинило глувим на буку и грају у дворишту, неосетљивим за децу која су се око њега дречећи мотала. Могао је тако са књигом у руци да седи сатима, гладећи повремено једном руком своју седу браду или подижући несвесно, по великој врућини, капу да би је затим одмах вратио на главу чим би постао свестан да је открио своју оголелу лобању, што је било можда једини знак људске сујете у њему.

Вељко и ја нисмо се према њему односили као већина деце, иако смо у почетку помало зазирали од њега, толико различитог од свих одраслих из наше куће и дворишта. Једног дана када смо му се нехотице сасвим приближили док је са својом књигом седео испод ораха, он је неочекивано заподенуо разговор са нама. Изненадио нас је. Тај тренутак смо можда одавно ишчекивали, али се нисмо трудили да иницијатива буде наша, јер смо били убеђени да нас он, занет својим мислима и књигом, једва примећује иако нас је раније једном или два пута ословио по имену.

Требало је да му сасвим приђемо и да нам се први обрати па да схватимо колико је био другачији од првобитне представе о њему: и његов глас, и његов осмејак, и његова брада, чак и његова замашћена и деформисана капа намах су се стопили у једну присну целину, и испунили нас сазнањем да можемо неопростиво погрешити ако неког ценимо искључиво по његовом изгледу. Када данас, после толико година размишљам о деда-Марку, све више сам склон да закључим да ме је тај старац ваљда зато толико опчинио што је у мојој свести постојао, рекао бих, још пре него што сам га први пут угледао. Говорим само у своје име, али не искључујем могућност да је деда Марко био и за Вељка исто оно што и за мене.

Нисмо се разочарали у нашем првом контакту са деда-Марком, иако је још од првог тренутка испољио намеру да нам се прикаже у улози упорног учитеља и уверљивог проповедника. Заљубљеник своје једине књиге, ако не и њен заточеник, није нам откривао у основи ништа ново: о постанку света, бекству Јевреја из Мисира, рођењу и чудима Исуса слушали смо и од својих родитеља и учитеља, али све то казивање било је неупоредиво мање занимљиво и узбудљиво од његовог. Био је мајстор у причању, у способности да визији која је увелико превазилазила подручје остварљивог подари смисао историјске јаве, као што је био ненадмашан и да сваком догађају, макар и оном што је припадао искључиво свету чуда, подари смисао прихватљиве реалности: оно што је за моју мајку и наставника веронауке било мање-више ствар обичног школског препричавања и описивања, код њега се преображавало у нешто у што се он готово лично осведочио. Бесумње, имао је урођеног рецитаторског па и глумачког дара, нераздвојног пратиоца проповедника жељног да своје духовне доживљаје пренесе другима што верније и сугестивније. Како се само у тренуцима највећег заноса преображавао: устајао би са клупице, лица затегнутог и заруменеог, очију сјајнијих мада још дубљих, у таквом ставу и заносу виши за главу и од самог себе, попут старозаветног пророка, свестан тога да кроз његова уста и из његових речи не проговара нико други до сам Свевишњи.

Дубока вера је овог човека потпуно преображавала, а она је морала да буде и у мени у то време, а претпостављам донекле и у Вељку. Иако ми нико није говорио о дејству вере, а ја се још нисам посветио религијској литератури, предосећао сам својом дечачком интуицијом да права вера мора човека на известан начин да, мање-више видљиво, обележи и донекле учини другачијим од осталих, јер је то цена којом се плаћа занос за оностраним. Међутим, деда Марко, према мом утиску, разликовао се од свих оних за које сам претпостављао да су такође обележни знаком вере. На пример, од госпође Лепосавић из партера, одмах испод нас, удовице чије године нико није могао тачно да одреди, која би, чим би одјекнула звона са ближње цркве почела да се крсти лаганим, широким покретом руке, сагињући се готово под правим углом, без обзира да ли су је звона затекла на отвореном прозору, у дворишту или на улици. Деда Марко се разликовао и од господина Парежанина, мужа мајчине пријатељице из суседне куће, за кога у прво време нисам могао да претпоставим да је и он један од оних сличних деда-Марку и госпођи Лепосавић. Остављао је, онако просед, висок, мршав и усправан утисак сталоженог, крајње одмереног човека, све до оног дана док га нисам угледао у цркви за Ускрс. Држао је неколико најтањих свећица у руци понашајући се ништа другачије од осталих. Затим се једног тренутка, усред службе, изменио: почео је испред великог двоспратног суда са песком да се брже и нервозније крсти и дубоко сагиње и затим, љубећи свећице некако грчевито, сваку по неколико пута, припаљујући их од оних које су већ у горњем делу гореле. Нисам могао, посматрајући га тако занесеног, да поверујем да је то онај исти човек, увек озбиљан, готово достојанствен. Мотрио бих на њега све док у песак не би забô последњу свећицу: затим би се поново смирио, вратио као после неког чудног транса себи, господину Парежанину, правном саветнику министарства финансија.

Деда Марко није уопште одлазио у цркву, бар то нико из куће није видео. Није се крстио попут госпође Лепосавић, али је и поред тога припадао њеном соју. Још у доба када сам тек почео да своју још дечачку машту смењујем постепено једним реалнијим прилазом животу, могао сам донекле да схватим колико је вера морала да буде снажна у овом старцу и колико је он њу црпео са страница своје једине, раскупусане књиге.

Бесумње, деда-Марка је више од свега заокупљало време краја света. Више од путовања Јевреја кроз пустињу ка својој обећаној земљи, па и од самог Исусовог страдања. *Свето писмо* је сигурно знао напамет, па када би из њега мени и Вељку читао, он је, имао сам утисак, само из навике гледао у странице, похабане од силног прелиставања. Међутим, ова књига, ова дуга прича, имала је за њега смисао само утолико уколико је имала свој крај, своје разрешење. Све оно чиме је *Свето писмо* почињало и настављало се – стварање света, човека, живота, прогонство из раја и оне небројене генерацијске драме и смене које су довеле до Мојсија, затим и до Исуса, било је у његовој свести, али само као неопходни материјал за последњи, величанствени ватромет којим ће се облежити крај времена а тај крај он је са силном чежњом и без имало страха очекивао – као страсни читалац романа који се још на првим страницама слади његовим завршетком.

Такву занетост крајем времена у почетку нисам могао да схватим, јер је мене уместо краја далеко више заокупљао почетак света. Са страхопоштовањем сам слушао вероучитеља када је причао како је Бог створио свет и човека, иако је о томе причао без икаквог унутарњег жара и, рекло би се, правог уверења. У то време тајна почетка света узбуђивала би ме и да ми о томе није причао вероучитељ: носио сам је у себи као снажну упитаност која ме је повремено заокупљала али за коју нисам могао да нађем прави одговор. Филозофија је била још далеко од мене, али сам слутио да ова тајна мора да остане ван сваке мисли, сваког објашњења а да то само по себи не мора да буде знак немоћи вере. Често сам у кревету, пре но што утонем у сан замишљао, независно од *Светог писма,* празнину из које је све могло да потекне и увек бих се помало згрозио од пустоши коју сам у себи откривао.

Уместо тајне почетка, деда Марко је мени и Вељку откривао истину о крају света и времена. Не знам да ли бих о том крају уопште икада размишљао да није било њега. Тек, он је покренуо у мени један ток, усмерио га неодољиво са једне задивљености пред тајном апсолутног исходишта ка задивљености пред тајном довршења свих ствари: почетак свега, то је била лепота једне неразрешиве филозофске тајне; крај свега, била је ствар личне одговорности, дан када ће се пред Страшним судом све поновити и за све пресудити. Деда Марко је веровао у гнев Божји, у време Апокалипсе снажније од свега, можда снажније и од времена у коме је живео. Шта више, рекло би се, он је већ сам у Апокалипси живео, откривао прве знаке казне, посматрао небо са којег су се већ суноврaћале звезде, гледао огањ који пустоши земље и градове, мач који сатире грешнике. Али, у његовој визији, Апокалипсу, више од свега, чак и гневних анђела, оваплоћивали су огњени коњи који су, летећи просторима између неба и земље, остављали за собом страх и смрт.

Никада нисам схватио због чега су га коњи Апокалипсе толико узбуђивали и заокупљали, али никада нећу моћи да заборавим како је изгледао када би уз помоћ маште излазио из оквира *Светог писма,* својим речима покушавао да на крилима огњених коња оде још даље од визије Јована

Богослова, можда даље и од самог Бога. Тада би себе у свему превазилазио: и сјајем очију, и уверљивошћу свог гласа и снагом својих речи. Мени, можда и Вељку, у таквим тренуцима чинило се, да је он сам морао да буде први весник последње људске и небеске драме. Шта више, неко време ми се чинило да ће можда тог судњег дана на сјајном, величанственом престолу правде да седи судија, очију, носа и браде истих као код деда-Марка, само без његове умашћене поштарске капе.

Огњени коњи су доста дуго прелетали мојом свешћу. Неко време осећао сам право страхопоштовање према сваком коњу, и чак и оном упрегнутом у таљиге или млекаџијске чезе, мање срећним сродницима оних који ће једног дана на све четири стране света да разносе гнев Божји.

Дани и године мог и Вељковог дечаштва морали су да прођу. Свет се у нама неминовно изменио: дечја вера била је принуђена да бар мало устукне пред чињеницама, а машта, хтела не хтела, да се повинује захтевима живота. Остарелог и увелико погрбљеног деда-Марка виђали смо и даље са истом капом и истом књигом у руци. И даље смо се са поштовањем односили према њему иако смо његову визију краја света у себи донекле изменили и прилагодили новим сазнањима. Огњени коњи Судњег дана нису ишчезли из наше свести. Само су се преиначили: прешли су у свест, у сазнање да ће кад-тад човек морати да пред једном силом, друкчијом него што је људска, одговара за све што је урадио у свом животу или пропустио да уради. Међутим, Вељко и ја почели смо да се разилазимо у својим погледима и схватањима о људској судбини и одговорности.

Вељко се, сазнао сам једног дана, придружио комунистима још као гимназијалац. Пришао би им, свакако, и да у његовом детињству није било

деда-Марка и његове Апокалипсе: сам живот, окол-
ности у којима је растао, одредиле су његов пут, а
деда Марко је можда само донекле допринео то-
ме да са њега не скрене.

Обојица смо се уписали на правни факултет.
Међутим, он је студирао у неупоредиво тежим окол-
ностима: није само, онако хром, разносио млеко
по кућама већ се бавио и другим пословима да би
могао да издржава оца кога је алкохол сасвим
онеспособио.

Друге године наших студија заратило се и све
се у нашој земљи, пораженој страни, из основа из-
менило: морао сам да се као магационер запослим
у оближњој пивари, док је Вељко готово без ика-
квих средстава био везан за болесног оца чији се
крај очигледно брзо примицао.

У међувремену умро је деда Марко. Нашли су
га мртвог ноћу у једној суседној улици. Смрт није
била насилна, обдукција је утврдила. Укућани су
га сахранили о свом трошку а прилоге смо скуп-
љали Вељко и ја. У ковчег су га положили са по-
штарском капом на глави, на инсистирање солун-
ца Рајаковића, јер готово нико од нас деда-Марка,
чак ни мртвог, није могао да замисли без капе.
Вељко и ја били смо међу онима који су га испра-
тили до гроба.

Напад Немаца на Русију није унео промену у
мој живот, али у Вељков јесте: морао је да као
илегалац одсуствује од куће а оца је препустио на
милост и немилост нас укућана. Његово стање
погоршавало се готово из дана у дан а Вељко га
је кришом повремено посећивао, ризикујући да
њега, обележеног телесним недостатком, неко од
агената не примети и ухапси.

Почетком новембра 1941., у сумрак, угледао
сам га тамо где сам се најмање надао: на вратима
мог магацина. Прошао је поред прозора а да га

нисам приметио. Још од августа се нисмо видели, као ни на сахрани његовог оца који је средином септембра умро а укућани га о свом трошку сахранили. Једино се солунац Рајаковић тада чудио што Вељко, рођени син умрлог, није присуствовао очевој сахрани на гробљу у Маринковој бари.

Пивара Вељку није била непозната пошто је неко време, почетком тридесетих, његов отац био запослен у њој. Још пре тога Вељко и ја смо одлазили у круг пиваре да се играмо са мојим школским другом Алфредом Бекером, Немцем. Ја сам био инцијатор ових одлазака и Вељка готово присиљавао да пође са мном не схватајући у то време разлог што се њему није ишло: физички недостатак чинио га је неравноправним партнером у игри, а он је био сувише поносит да би то признао.

– Откуд овде – рекох кренувши му у сусрет. Већ само његово лице казивало је, иако у полумраку, да није дошао само зато да ме посети на мом радном месту, први пут од како сам се запослио. Морао је да постоји неки далеко озбиљнији разлог.

Још док ми се приближавао, не сачекавши ни да се поздравимо, рекао је: „У великој сам невољи. Дошао сам да ми помогнеш.“

Ниједном до сада, ни пре рата, ни по уласку Немаца, није ми се ниједном обратио да му било у чему помогнем, чак ни у најтежим тренуцима. Очигледно, био је поносан на себе, на своје сиромаштво, на свог оца, поготово када је довољно одрастао, а сигуран сам да је искључиво из поноса одбијао да понекад руча или вечера код мене чак и када га је глад морила. Упркос томе, он је мене и даље сматрао за свог најприснијег друга, иако смо се још пре смрти деда-Марка разилазили у својим погледима.

– Да ти помогнем! Како, због чега? Можда уопште није било потребно да тако реагујем пошто сам ја, а и сви из наше куће, још одавно претпостављали да су га његова идеологија и напад Немаца на Русију отерали у илегалу.

– Данас су ухапсили нашег друга. Можда ће га приморавати да нас, остале, ода. Бар ову ноћ морам да проведем тамо где до сада нисам спавао, а овде ме свакако неће тражити.

Здраво је расуђивао, помислио сам: провео би ноћ овде, у магацину, јер никоме не би пало на памет да се овде скрива. Само, ја сам био предострожнији и мање смео од њега: можда га је неко препознао онако хромог на улици, помишљао сам, и пратио до пиваре па сада негде из прикрајка чека да изађе. Можда ће и вратар после завршетка радног времена уочити да није изашао, а Немци су имали свуда своје људе, поготово у пивари која је углавном радила за њих. Најзад, могао би током ноћи да се догоди какав већи квар а да би се он отклонио било би потребно да се потражи нови део у магацину, што се и десило пре неколико година када је магационер био Роберт Зајдл: тада су га усред ноћи пробудили.

– Не брини! Вратара уопште није било на капији, а ја сам кроз њу прошао у друштву човека који вероватно станује у пивари и за мене не зна. Као да је читао моје мисли и схватио разлоге што сам одуговлачио са одговором.

И ја бих тако говорио да сам био на његовом месту. Међутим, за разлику од њега нисам смео ништа да ризикујем, јер у питању нисам био само ја. Имао сам мајку и сестру. Најзад, био сам полујеврејин.

Разговарали смо и даље у полумраку. Нисам га позвао да уђе у мој бокс јер је у њему већ упаљено светло и неко би кроз прозор могао да примети. Био је узбуђен, глас му је подрхтавао.

– Кажем ти још једном да нема разлога да страхујеш. Само да прође ова критична ноћ и ја ћу се изгубити из Београда. Прикључио бих се још раније партизанима на Космају само да имам здраву ногу, а она ме од недавно као за инат заболела. Уосталом, ја бих исто учинио за тебе, свог најближег пријатеља.

Први пут од како се знамо поменуо је свој физички недостатак, па сада, тако притешњен, позивао се и на наше пријатељство, не споменувши деда-Марка и његове огњене коње иако су тог тренутка морали да буду у његовој свести.

Знао сам да је тог часа све било на Вељковј страни: и истина, и етика, и историја и она чудесна страст са којом је деда Марко умео да прича и која као да је већ сама по себи била изнад свих чињеница и објашњења. Једном речи, све је ишло у прилог Вељку, осим мене, мог великог, можда и несвесно преувеличаног страха од Немаца.

– Жао ми је али у оваквим приликама не треба да рачунаш на мене. Скренуо сам поглед док сам те речи изговарао, мучно свестан тога да ускраћујем помоћ коју би свом тако блиском другу требало безусловно да пружим.

То што сам рекао, и како сам рекао, било је за Вељка очигледно довољно: схватио је да ме је потражио узалудно и да се непотребно излагао опасности на путу до пиваре, схватио да мене више ништа није могло да поколеба. И шта му је у таквој ситуацији преостало него да се окрене и без речи изађе из магацина.

Кренуо сам за њим, али не зато да му кажем како сам се предомислио. Постојали су други разлози: желео сам да се уверим у то да се упутио ка излазу и да се неће вратити и позвати се још једном на наше другарство.

Но, он је одмицао. Није се журио: као да је у њему још било наде да ћу се поколебати и позвати га да се врати. Али, ја сам и даље ћутао и гледао, сав напет, како, нагињући се на леву страну оном својом спонтаном елеганцијом одлази полако, без видљивог страха, напуштен од свих, чак и мене, у неизвесност једног тако опасног времена и мрака. А када се сасвим приближио капији и ишчезао из мог видокруга вратио сам се у магацин, свестан тога да ће једног дана разјарени коњи деда-Марка и због мене лично бити пуштени у овај свет.

ЉУБАВНИЦИ

Наталија, Ната, секретарица Алфреда Нова-
чека, директора пиваре, била је особа која се од-
мах уочава а тешко заборавља. Оставила је на ме-
не снажан утисак чим сам се са њом као нови
намештеник пиваре упознао: жена тамносмеђе
косе прошаране светлијим праменовима, бадема-
стих очију, танког подужег носа са фино извaja-
ним ноздрвама, струка необично витког за жену
њених година и њене корпуленције.

Ипак, телесна својства нису била оно што је
ову жену, већ на измаку пете деценије, чинило
привлачном. Било је у њој и нечег што је независ-
но до ових својстава могло да привуче: рекло би
се, неки чудни, тешко одредив вишак личности,
који се највише открива у њеним очима и осмејку
око углова усана, лишеном и најмањег трага иро-
није. Укратко, била је жена која је својом отво-
реношћу и својом непосредношћу исто толико
привлачила колико и самим својим физичким из-
гледом.

Виђао сам је готово свакодневно, иако је као
секретарица припадала другом, елитном свету пи-
варе. Као привремени шеф магацина, морао сам
често да одлазим у просторије дирекције и разго-
варам са директором, поготово када је било неоп-
ходно да се преко немачких окупационих власти
обезбеди набавка сировина за пивару, која је ве-
лике количине пива испоручивала немачкој вој-

сци. А на путу до директора Новачека, Наталија
је била незаобилазна.

Што сам је чешће виђао, све више сам на њој,
готово свакодневно, откривао по неки разлог да
јој се и поред њених година дивим: једног дана бих
закључио да је имала изразито суптилно изцизе-
лиране ноздрве, другог дана дивио бих се боји ње-
не густе косе, трећег – плементиом облику њеног
чела… Ови детаљи били су пресуднији од ситних
бора, које су при сунчаном дану могле да се запа-
зе око углова њених очију, али које као да су пре
указивале на пуноћу њеног унутрашњег живота
него на њене године.

Црно је, убрзо сам закључио, била њена оми-
љена боја. Носила је црну хаљину када сам је први
пут, у пролеће, видео; није мењала боју своје гар-
деробе ни када је дошло лето. У почетку, њена
колористичка опредељеност помало ме је збуњи-
вала. Црна боја, бесумње, добро јој је стајала: ни-
је је чинила млађом, али није умањивала живах-
ност њеног погледа ни лепоту њене густе косе.
Међутим, помодни разлози, како сам касније са-
знао, нису одређивали њен избор боје. Одређива-
ло је нешто друго, далеко озбиљније, трагичније:
прерана смрт њеног сина, жртве епидемије шар-
лаха, одмах после Првог светског рата.

Није прошло ни два месеца по запослењу у
пивари а Наталијина биографија, бар у основним
цртама, за мене више није била непознаница. Њен
отац, Врањанац, записничар при среском суду у
Београду, учесник Балканског и Првог светског
рата, могао је, захваљујући женином миразу, да
ћеркама Наталији и Јелени омогући да заврше гим-
назију и одмах након матуре да обе запосли и по-
том спокојно умре. Годину дана по очевој смрти,
Наталија се удала за Драгана Обрадовића, књиго-
вођу највећег млина у Београду. Са њим је доче-

кала рат, а изгубљени рат њу је осамио: Драгана, резервног поручника Немци су одвели у заробљеништво.

Убрзо смо се спријатељили, прешавши границу обичне куртоазије. Не бих могао да тврдим да се према мени, млађем преко две деценије од ње, мајчински односила. Имао сам утисак да је била свесна да се мени као жена, упркос њеним годинама, свиђа, али је извесно да није показивала било какву намеру да ову околност из пуке женске сујете злоупотреби. Понашала се према мени колегијално, нимало другачије него према службеницима старијим од мене. Љубазност је извирала из њене природе.

Једног дана повели смо разговор о рату. Немци су већ напали Русију. Није скривала своје симпатије према Енглезима, који више нису били усамљени у свом отпору Хитлеру. Редовно је слушала Лондон и са великом забринутошћу пратила ситуацију на афричком фронту где су Немци после заузимања Крита кренули у нову офанзиву. „Енглеска не може да изгуби рат“– убеђивала је она мене, уместо да буде обрнуто.

Било је лето када сам је упознао са догађајем који је њу готово запањио. – Јуче сам – рекао сам – успео да се пробијем до два енглеска официра, рањена и заробљена на Криту. Сада се налазе на лечењу у војној болници.

– Енглески официри у Београду! У први мах није могла да поверује мојим речима. Сигуран сам да се не би толико изненадила да сам јој рекао да је енглеска армија управо данас отерала Немце из Београда.

– Енглези! – поновила је још једном, настојећи да са мог лица разабере да ли са њом можда терам шегу. Али, очигледно, моје лице није доводило ни у какву сумњу. – Морам да их посетим – наставила је, стављајући ми тако на знање да је мени препустила посао око организовања њене посете заробљеницима.

Два дана касније, у рано поподне, састали смо се испред капије војне болнице, у којој су се после нашег пораза лечили рањени немачки војници и припадници српске полиције. Немац, стражар, није нас зауставио, вероватно убеђен да идемо у посету рањеним или оболелим Србима. Ната, немоћна да сакрије своју нервозу, корачала је поред мене погнуте главе, са великом ташном у руци. Ћутали смо, убрзавајући корак из страха да се Немац не предомисли и осујети нас у нашој намери. Но, то се није догодило.

Сами у малој соби, десетак година старији од мене, Енглези су лежали прикровани за постељу. Обојици, поручницима, била је повређена кичма. Дремали су омамљени јулском врућином или можда обамрли од лекова. У први мах нису нас чули иако су бела, масивна врата зашкрипала. Онда су, готово истовремено, отворили очи. Изненадили су се, али не мени: на дохвату њихове руке стајала је Ната, у танкој хаљини, са обнаженим мишицама, зајапурена од подневне жеге. Као да је у њихову осаму и свакодневну монотонију крочило некакво привиђење, указала се нада довољна да испуни и њихову одају и њихово биће и подсети их да још могу да се радују свету, слободи, жени. Тог тренутка Ната, благо нагнута над њима са даровима у руци, није оличавала само самарићанку, спремну да невољницима пожртвовано и несебично помогне. Видљиво устрептала и увелико подмлађена својом мисијом и својим узбуђењем, била је и жена, биће које је желело и да се свесно или несвесно потврди у радозналом или пожудном погледу мушкарца.

– Мерси – рекли су рањеници, обојица дуголики и светло смеђи, прихватајући наше дарове, и та реч, озвучена енглеским акцентом, била је једина вокална комуникација међу нама – тројицом мушкараца и једном женом. Енглези нису говорили француски, ја и Ната енглески. Само смо се гледали испитивачки, смешили једни другима без усиљености и снебивања, жељни да саопштимо своје мисли и своја осећања, али осујећени језичком баријером, а за то време Ната је више него једном несвесним покретом поправљала своју иначе беспрекорно дотерану фризуру. И поред нашег ћутања, разумели смо се, а наш заједнички језик била је вера да рат, упркос напредовању Немаца у Русији и Африци, није изгубљен и да су рањени Енглези за мене и Нату представљали Енглеску, достојног и равноправног противника Хитлерове Немачке, земљу у коју смо у овим часовима тешким за нас полагали сву своју наду.

Са „Гудбај", Ната и ја смо се опростили од рањеника. Али, у тој једној речи, наученој у биоскопским дворанама било је садржано све оно што смо нас двоје упркос непознавању енглеског носили у својој души. „Гудбај" узвратили су и они, пропративши ту реч поздравом руке, широким осмејком на лицу и захвалношћу у очима.

Заједничка посета енглеским официрима била је нека врста прекретнице у нашим односима. Постала је још предусретљивија, спремна, када бисмо били сами, да ми исприча и понеку згоду или незгоду из свог живота. У таквим разговорима сазнао сам како је изгубила сина и доживела саобраћајну несрећу у којој је прошла са лакшим повредама. Сазнао сам и за то да је пре смрти детета писала песме и да је поезија и даље њена омиљена литература.

– Пишете песме! – рекао сам задивљен. Нисам могао да претпоставим да је поезија могла да буде њена страст. Међутим, једно време је то одиста била.

Дуго се двоумила да ме уведе у свет своје лирике. Међутим, био сам упоран у свом наваљивању. Једног дана ми је рекла: „Ево Вам их!“ Биле су то песме прекуцане машином, на већ пожутелој хартији. Неких тридесетак страница стављених у плавкасте корице старог хербаријума. На етикети залепљеној на корице писало је финим, калиграфским рукописом: ДРУГА СТРАНА ДУШЕ.

И сада се питам да ли је била довољно свесна шта чини, омогућивши младићу мојих година да самим тим што ступа у свет њених стихова, ступи и у свет њених осећања и визија, уђе у тајне њене душе, у све оно шта је њу као песникињу и као жену могло да заокупља. Обузело ме је чудно осећање када ми је предавала свој увелико избледели хербаријум: као да је тада отварала двери свог најскривенијег бића, поверавала брижљиво чуване тајне, несвесно рушила последње конвенције које су нас до тада још раздвајале.

Но, преварио сам се у својим слутњама и надама, пребацио у својим проценама: већ прве песме су ме донекле отрезниле, откриле Нату, песникињу, у светлости другачијој од оне какву сам очекивао, казивале да ова жена није проговарала језиком песме да би откривала најдубље слојеве своје душе и свог бића, већ напротив, да би своју личну тајну што је могуће више одбранила.

Очигледно, поезија је за њу била нешто друго до искључиво исповест, нека врста ослобађања од сопствених опсесија, саопштавања оног у шта се верује и од чега се можда жели да побегне. Додуше, у првим песмама, датираним у време када се још нисам ни родио, могао је да се уочи душевни немир пробуђен открићем прве љубави, али сви њени каснији стихови били су лишени свега тога.

Узалудно сам трагао за речима и исказима који би бар донекле могли да је открију као жену и осветле скривеније сфере њених жудњи и порива. Уместо тога, мени су се нудиле безличне визије света; испољавала је очигледно настојање да сав осећајни и мисаони потенцијал подреди некој врсти трагања за суштином, продре тамо где нема обмана ни заваравања. У основи, њеном поезијом провлачила се, рекло би се, нека готово мушка тежња за досезањем нечег што се ни речју нити било чим може досегнути.

Једна песма, писана 1923., нарочито ме је импресионирала. Као да је иза ње стајала већ иживљена младост, ако не и искуство и зрелост једног до краја пређеног и до самог дна схваћеног живота. Била је то заиста изузетна песма: Наталија, песникиња, поистовећивала се у њој са птицом која, када је срећна, не зна да је птица, а бива свесна себе као птице тек у својој усамљености и тузи. Осећао сам потребу да је прочитам неколико пута и, зачудо, сваки пут би ми се чинила лепшом и узбудљивијом него пре тога, због чега сам у први мах посумњао да ови слободни стихови, прожети неким чудним тајанством, исписани можда у једном даху, уопште нису њени. Но, у таквом уверењу нисам могао да устрајем: упркос почетним сумњама, на крају сам морао да Наталији признам ауторство ове изузетне песме.

Сутрадан сам јој рекао шта мислим. Нисам јој ласкао: уверавао сам је да одавно нисам прочитао тако необичну и лепу песму као ону о чудној птици. Све време гледала ме је нетремице, очигледно узбуђена. Моје речи су је испуњавале поносом, преображавале, подмлађивале, враћајући јој можда поверење у себе као песникињу.

– Како сам само срећна! – рекла је, покривајући лице обема рукама. – Нешто ћу вам признати: после мог мужа и сестре, Ви сте једина особа која се упознала са мојим песмама! Између мене и Наталије, осетио сам тог тренутка, рушила се још једна препрека, успостављао се још један мост.

После тог разговора изменила се. На моје изненађење, скривено, потиснуто задовољство није јој ишчезло из очију, али је зато у свом опхођењу са мном постала осетно уздржанија. Као да се покајала што ми је дозволила да осмотрим њен строго лични свет, попут жене која је несмотрено открила своју нагост и онда се постидела те јој тако збуњеној ништа друго није преостало него да се уозбиљи, постане званичнија, иако се такво њено понашање уопште није слагало са њеном природом. Одмах сам схватио прави разлог такве промене, протумачивши то као знак да према мени није сасвим равнодушна. Међутим била је лоша глумица, неспособна да дуже игра личност која јој је била туђа: већ сутрадан се вратила себи, својој природи, својој спонтаности.

Наступила је јесен 1941, а са њом и мучно сазнање да ће се рат одужити много више него што смо почетком лета претпостављали. Са Наталијом сам се знао већ пола године. За то време зближили смо се још више, успоставили везу која је за њу значила можда исто што и пријатељство засновано на међусобном поверењу, за мене везу свакако нешто мање чисту. Нешто ми није било јасно: у свим нашим разговорима ниједном није поменула да јој је муж у заробљеништву. Зашто је то прећуткивала? Да ли зато што је сматрала да је то познато свима у пивари и да нема потребе да о томе сама говори или пак што се такве теме свесно клонила?

Једног дана упитала ме је са усиљеном, очигледно, глумљеном лежерношћу: „Да ли је истина да сте по оцу Јеврејин? Тако се у пивари прича!“ Гледала ме је љубопитљиво, напето, што је одударало од њеног дотадашњег понашања. Питање ме је изненадило ако не и запањило. Током времена, нарочито после одласка мог друга Лазара Левензона на сабиралиште за Јевреје у Топовским шупама, мој страх од Немаца се увећао, поготово када сам сазнао да су Немци одводили и оне чији су очеви били Јевреји. У Београду се више нису виђали грађани са жутом траком или Давидовом звездом. Нестало је свих мојих другова Јевреја, било што су се попут Лазара Левензона одазвали позиву Немаца, било што су некуд побегли као што је био случај са Куртом Сингером, мојим најближим суседом. А за свима њима остајале су неизвесност и црне слутње.

Наталијине речи су ме узнемириле, откриле поразну истину да се ниједна тајна, ма колико брижљиво чувана, не да сакрити. У ствари, ова жена, са којом сам се увелико зближио, очекивала је одговор који је за мене, уколико сам се преварио у њој, могао да буде фаталан. Зашто јој је до тога стало, питао сам се гледајући је право у очи? Али, у њима нисам налазио ни најмањи повод да се браним лажју.

– Истина је – одговорио сам. – Мој отац је покрштени Јеврејин, али ми је мајка Српкиња из Херцеговине. Заправо, као полуаријевац нисам према Хитлеровим законима Јеврејин.

Како је сазнала за моје порекло, питао сам се. Зашто је томе придавала толику важност? Мојом главом пролетале су многе комбинације, али ниједна ми није била убедљива. Тек неколико дана касније све се разјаснило.

Тог јутра ми је рекла: „Ако сутра нисте заузети дођите код мене.“ Била је кратка, директна, а сутра је била недеља.

Очекивао сам од ње све друго до директан позив да је посетим. Збунила ме је. Због чега ме зове? Шта очекује од мене? Поново сам претресао све претпоставке, али ниједна ми се није чинила уверљивом. Наталијин помало враголаст осмејак доводио ме је у недоумицу, можда помало и обесхрабривао. Као да ми је стављала до знања: „У мојим мислима не мора да буде оно што је и у твојим!“

Сутрадан, у недељу, кренуо сам од куће веома узбуђен. Целу ноћ нисам ока склопио. Ова посета представљала је за мене изузетан доживљај, поготово што је све осим мог одласка било крајње неизвесно. Зашто ми одмах није, бар издалека, најавила прави разлог позива. Да можда није нека игра, једна од оних у којој нема шта да се изгуби али ни шта да се добије? Ипак, ту претпоставку морао сам да одбацим. У Наталији нисам могао да видим жену способну да учини нешто што би било само ствар обести. Морало је да постоји нешто озбиљније, али шта?

Не знам како сам стигао до Наталије. Веровао сам, из жеље да што пре стигнем, да ћу спуштајући се поред војне болнице и пресецајући улицу Франше Депереа, стићи раније. Али, тај пут ми се учинио предугим. Једна могућност, упркос томе што је била, према мом мишљењу, чисто теоретска, гонила ме је да хитам, испуњавајући ме пријатним предосећањем, слатким очекивањем.

Кућа у којој је Ната становала налазила се негде на средокраћи између игралишта БСК и некадашње „Југославије“, на падинама Дедињског брда. Једноспратна, са омањом баштом и дрвеном оградом, морала је да буде саграђена уочи рата.

Деловала је као нова, недовршена, иако је својим стилом и изгледом била веома скромна. Ната је становала у партеру.

Још са врата схватио сам да није било никаквог разлога да протеклу ноћ проведем без сна: дочекала ме је срдачно, пријатељски, ништа другачије него када бих улазио у њену канцеларију.

– Дивно је што сте дошли – рекла је гласом који ме је одмах освестио, тачније охладио. Иза њених леђа, у продужетку уског предсобља, стајао је мушкарац њених година, доста висок, тамнокос. Нешто је било извесно: тај корпулентни, спортски грађен мушкарац био је све друго до Наталијин тренутни гост.

– Дођи Лони – обратила му се Наталија – ово је мој колега из пиваре о коме сам ти причала. Затим се обратила мени, у намери да донекле објасни мистерију присуства овог човека о коме нисам ништа знао: – Господин Кимхи, мој познаник.

Још пре него што нас је упознала, помислио сам да је тај мушкарац доста дебелих усана и крупних црних очију, можда Јеврејин. Нос му није био семитски, али цела његова физиономија одавала га је као припадника народа чија се судбина већ стотинама година понавља – из деценије у деценију, столећа у столеће, увек по сличном обрасцу. Истовремено, у магновењу, закључио сам да Наталију и њеног госта мора да зближава нешто далеко дубље, трајније од обичне пријатељске везе: овај човек у белом пуловеру понашао се сувише лежерно да бих у њему видео само Наталијиног присног познаника. Нешто их је видљиво одавало: начин како су се једно према другом односили, како су се гледали, како су реаговали. Равнодушност и нетрпељивост још и могу да се прикривају, љубав никако.

Први минути боравка у великој соби, испуњеној модерним, политираним намештајем купљеним свакако код „Митића", били су доста усиљени. Гледали смо се, сво троје, радознало, испитивачки у очигледној намери да прочитамо једно другоме мисли, у чему је Наталија предњачила: упирала је поглед час у мене, час у Кимхија, показујући јасно колико јој је стало до тога да овај, за мене неочекивани, сусрет не буде повод за разочарење. На лицу јој се огледала жеља да открије моје расположење према човеку који је седео преко пута мене, али да сазна и шта је истог тренутка Кимхи морао да осећа према мени, заправо какав сам утисак оставио на њега.

Мучне усиљености нестало је оног трена када је Ната одлучила да без околишења објасни неке кључне ствари. – Господин Кимхи је Јеврејин и већ се два месеца скрива код мене – рекла је без устезања, гледајући ме право у очи, као да износи историју једног савршено логичног и природног догађаја.

Умела је да прича уверљиво и узбудљиво, демонстрирајући сем песничких и своје говорничке способности: излагала је живо, уз обиље мимике и гестикулирања, ситуацију свог пријатеља, који је био и најбољи пријатељ њеног мужа, говорила уместо њега када је он могао да говори о себи, описивала његово потуцање градом под влашћу Немаца све док га она најзад није прихватила. За све време њен штићеник је ћутао и само је повремено прекидао, како би је исправио у детаљу који је он сматрао значајним.

Причајући одисеју свог пријатеља, Наталија је несвесно откривала и себе и све што је међу њима морало да се деси, потврђујући се још једном у мојим очима као биће сувише емотивно да би своја осећања могла да прикрива а истину да прећуткује. Нисам више сумњао: била је заљубљена, припадала је душом и телом овом Јеврејину, коме је искреност и отвореност његове заштитнице стварала понекад и нелагодност, иако је и он сам према њој морао да гаји слична осећања.

Још пре него што се моја посета завршила, схватио сам зашто ме је Наталија позвала и дозволила да завирим у њен строго приватни живот, као што ми је неколико месеци пре тога дозволила да завирим у тајанство њене поезије. Бесумње, био сам јој потребан, управо такав какав сам: полујеврејин, знатно млађи од ње, личност од поверења. У њеном животу нисам ништа представљао, али сам својим годинама и својим еланом могао да будем од користи њеном штићенику, нека врста његове везе са светом, можда и особа погодна да бар повремено прекрати часове његове усамљености и монотоније. Иако заљубљена, Наталија је, очигледно, умела да води рачуна и о оном што није искључиво ствар осећања. Била је довољно свесна шта значи стање рата, управо оног који су нам Немци наметнули, и каквим би се свим опасностима изложили она и Лони, ако би учинила и најмању несмотреност. Био сам сигуран у то да је о мени, пре но што ме је позвала, морала дуго и подробно да се распитује и да је, тек пошто је прикупила довољно поузданих података, донела одлуку да ме упозна са својом тајном и покуша да ме учини саучесником у помагачем у скривању свог љубавника.

Све је то, разуме се, донекле повредило моју сујету: од привлачне жене каква је била Наталија очекивао сам све друго до да будем нека врста анђела чувара њеног љубавника. Ипак, нисам јој замерао: ценио сам њену крајњу пожртвованост и преданост, дивио се њеној енергији и смелости. Осим тога, све је то за мене, са једне стране, било узбудљиво и забавно, а с друге, неочекивани сусрет са једним угроженим Јеврејином подсетио ме је на Лазара Левензона, блиског друга, као и на то да би се и мој деда и отац налазили у истом положају као Леон Кимхи, да су којим случајем доживели долазак Немаца. Половина мене се освестила, суочила са истином од које сам још од своје ране младости можда несвесно бежао и која ми се сада у свој својој отворености указала – јеврејство је, бар донекле, било нешто што се и мене тицало.

Враћајући се кући прилично разочаран, размишљао сам више о вези Наталије и Кимхија него о самом себи и својим изневереним очекивањима. Леон, Лони, Кимхи, фармацеут, био је пре рата заступник једне париске фабрике лекова и школски друг њеног мужа. Драги Обрадовић и он морали су да буду веома блиски: виђали су се готово свакодневно, одлазили недељом на хиподром, понекад путовали заједно у иностранство. Да ли се још пре рата зачела сентиментална веза између Леона и Наталије? У то нисам сумњао, поготово што се у пивари увелико причало да је Драги Обрадовић, њен муж, непоправљив женскарош и да је она као његова жена морала то да зна. Питао сам се такође да ли је Леон остао нежења управо због своје везе са Наталијом? Одавао је човека од карактера, озбиљног, стабилног. Можда се та веза успоставила још давно пре рата, а свест о томе да је недозвољена само је доприносила томе да се по сваку цену настави и пусти дубље корене. Уосталом, Наталија је имала довољно оправдања и пред собом и пред светом: муж који је њу варао ослобађао је, бар делимично, гриже савести. Међутим, нисам могао а да се не запитам: зашто свог мужа, када са њим већ није имала децу, није оставила и удала се за Лонија?

Копкала ме је ова љубавна загонетка јер ми је у свим претпоставкама и комбинацијама измицао уверљив одговор. У сваком случају ја сам се више дивио Наталији него Лонију: импресионирала ме је њена страст али и њено лукавство којим је она као слабији пол умела да брани свог љубавника и да се брине о његовој безбедности. Истовремено, копкало ме је и питање: да ли је, примајући у свој стан Лонија, Ната у ствари већ донела одлуку да прекине брак са Драгим или је све то чинила не размишљајући о могућим последицама, препуштајући времену да оно разреши овај људски сплет.

Са Лонијем сам се брзо спријатељио. Велика разлика у годинама није била никаква препрека да се зближимо, иако смо се у неким стварима доста разликовали. Убрзо сам, захваљујући његовим сећањима и враћањима у прошлост, упознао све оно што је припадало његовој биографији и што га је као личност оцртавало. И он је некад волео књижевност, али, за разлику од Нате, волео је прозу, нарочито приповетке у којима се и сам под утицајем Чехова и Мопасана неко време огледао. Но, то је остала само епизода у његовом животу: студије и жеља за успехом у пословима, којима је након завршеног факултета почео да се бави, одвојиле су га од писања и од читања. Тек сада, у овим данима, потражио је поново књигу. Брзо је прочитао сву белетристику из Натине скромне библиотеке, и онда прешао на књиге које је она позајмљивала од својих рођака и пријатеља. Почео сам и ја да му их доносим. Читао је у једном даху: Толстојев *Рат и мир* завршио је, како ме је уверавао, за пет дана. Поезија га уопште није привлачила. – Чини ми се да са њом не бих губио време ни да ми је то једина доступна књига – рекао ми је у поверењу. Уздржао сам се да га не упитам „Да ли вам је, господине Кимхи, познато да је Ната рођена песникиња?“ Имао сам разлога да поверујем да за ту страну Наталијиног бића можда и није знао.

У великој торби са којом је, пред сам почетак полицијског часа, крочио у Натин стан налазила се само једна књига. Понео ју је, признао је, више махинално него свесно, пре из обзира према оцу него из обзира према самом себи. Показао ми је: стара, савршено очувана књига на хебрејском, у финoм, црном кожном повезу. – Окрените је – упозорио ме је када сам је узео. – Код нас, Јевреја, почиње тамо где се код других завршава. Први пут у животу држао сам јеврејску књигу: слова су ми била неразумљива. Само четири речи латиницом могао сам да прочитам на насловној страни: Јозеф Шлезингер, Беч, 1887.

– То је молитвеник – објаснио је Лони. – Мој отац га је купио у Бечу још пре него што сам се родио. Читао га је свако вече. Била је то за њега и историја и књижевност. Настојао је и мене да научи читању и молитвама. Али, на жалост, за то нисам био расположен. Истина, на очево наваљивање, научио сам нешто од хебрејског, но недовољно да бих без тешкоћа читао. Данас сам пред овом књигом готово исто толико песпомоћан колико и Ви. Отварам је сваког дана, покушавам да препознам слова која ми пре четрдесет година нису била непозната. Међутим сада сам сигуран само у два слова: Ш и Т.

И он је, попут мене, остао рано без оца. Мајка, свесна свог јеврејства, трудила се да га после очеве смрти васпита како треба, али без правог жара да у њему по сваку цену развије љубав према јеврејској вери и традицији. Водила га је за велике празнике у синагогу, инсистирала да се дружи са синовима и кћеркама њених пријатеља Јевреја. Међутим, Срби, ни сам не зна због чега, били су му некако ближи. Ни долазак Хитлера на власт није га променио: посао, који је добро напредовао, превише га је заокупљао, тако да је уочи рата, после мајчине смрти, почео да заборавља и запоставља и оно мало што је од њега, Јеврејина, преостало. У суштини, освестио се тек после уласка Немаца у Београд. Али, тада је већ било касно: судбина изречена ретроградно његовим прецима, закуцала је свом силином на његова врата.

Није ми објашњавао шта сада осећа. Уосталом, било би то излишно: схватио сам да се у њему, прогоњеном, нешто пробудило, изронило на површину свести, и да је у свом несигурном скровишту покушавао готово грчевито да оживи у себи све оно што је својом кривицом и немарношћу запоставио и заборавио. Молитвеник, који је прелиставао свакодневно, био је један од очајничких покушаја да се врати свом почетку, успостављању везе са токовима од којих се једно време одвојио али који су, упркос томе, увелико одређивали и његов живот и његову судбину.

Знао сам чиме би у таквој ситуацији желео да располаже, те сам се дао у потеру за књигама преко којих би бар донекле надокнадио оно што је, својом кривицом, у детињству и младости пропустио. Одлазио сам у још отворене антикварнице, претурао по књигама и стварима, надајући се да ћу у том мноштву наћи и нешто за Лонија. Био је то узалудан посао. Затим сам почео да се распитујем код пријатеља, али такође без успеха: наилазио сам једино на историје у којима су Јевреји били само једно од краћих или дужих поглавља и ништа више. Где су књиге несталих Јевреја? Нису ваљда све уништили пред одлазак из својих домова? Негде је морало да их буде! У ствари, тек тих дана трагања схватио сам, јасније него икад, колико се Београд испразнио од Јевреја, али и колико су брзо ишчезавали из сећања својих срећнијих суграђана.

Ипак, моје упорно трагање није остало без резултата. Једног дана, пролазећи Каленићевом пијацом, угледао сам десетак књига на празној тезги. Нудио их је човек у похабаном оделу, већ у годинама, недовољно одевен за хладан, ветровит дан. Стајао је згрчен од хладноће, гологлав, са рукама у џеповима панталона, гледајући готово преклињући оног ко би му се приближио. Купи бар једну од њих – као да се ова нема молба читала на његовом лицу, испијеном, необријаном. Зауставио сам се, али не зато што су ме старе књиге привлачиле, претпостављајући да је на тезги искључиво белетристика. Учинио сам то из другачијег разлога: желео сам да помогнем овом невољнику. Почео сам махинално да преврћем књиге. Већина је била на мађарском а свака је на последњем листу била обележена печатом са именом власника, Мађара. Само две су биле на другом језику: једна на италијанском, друга, на моје изненађење, на хебрејском.

Била је танка, у сивом брошираном повезу невеликог формата. LA HAGGADA, писало је латиницом на корицама. Тек кад сам почео да је прелиставам закључио сам да је то упоредни хебрејско-француски превод приче о бекству Јевреја из Мисира. Прича ми није била непозната: знао сам је још из гимназијских дана, са часова веронауке, али тада нисам слутио од каквог је она значаја за побожне Јевреје. Само због *Haggade* купио сам и ону на италијанском, антологију европске лирике.

Лонију је *Haggada* причинила велико задовољство: имао је најзад још једну књигу писану језиком његове вере, његовог народа. Истовремено, имао је, захваљујући француском преводу, и књигу која му је пружала реалне изгледе да бар делимично обнови све оно што је током живота, као Јеврејин, занемарио или заборавио.

Посећивао сам га бар једном недељно и редовно га снабдевао књигама. *Haggada* га је продрмала, безмало подмладила: причао ми је нашироко о њој, шта је све из ње научио, тачније шта је обновио и васкрсао из заборава, јер је ова књига до танчина описивала Песах, празник који није ишчезао из његовог сећања. У таквим часовима, слушајући га како ми објашњава и радњу књиге и строго ритуално прослављање дочарано цртежима наивног карактера, подсећао ме је на ђака некад немарног који је после дугог времена одлучио да пропуштено надокнади и да сада преда мном, као неком врстом контроле, покаже шта је све научио.

Читајући ову књигу, проткану бројним илустрацијама, он се, нема сумње, враћао у детињство, доба када је у просторе Песаха и осталих јеврејских празника ступао захваљујући више свом побожном ујаку Јозефу Блументалу него својим родитељима. Седера, вечере уочи Песаха, сећао се најживље, нарочито када би је проводио код ујака чији је дом био пун деце. Са каквим су само одушевљењем сви они, најмлађи, учествовали тада у ритуалном трагању за квасцем скривеним у кући и предавали га ујаку да га спали у шпорету. Ујаков ортак Пердес, нежења, био је таквих вечери ненадмашан: чудесном уверљивошћу своје пантомиме испредао је најмлађима причу о невољама старих Јевреја у Мисиру и свему кључном што је претходило њиховој одлуци да предвођени Мојсијем и Ароном, Божјим изабраницима, крену, упркос фараоновом противљењу, у Обећану земљу. При томе Пердес је подражавао час Мојсија, час фараона, дочаравајући било речима било гестом и мимиком све битне епизоде пасхалне драме.

Захваљујући овој књизи, и ја сам се постепено, усред рата, приближавао свету коме су некада преци мог оца припадали. Лони се трудио да томе и сам допринесе: учио ме је азбуци, коју је, посредством *Haggade,* успео поново да савлада, настојећи да ме са истим еланом научи, упркос свом оскудном знању, основним начелима јеврејске вере. За мене је то била новина, нешто што сам поимао и примао много теже од њега: док је њему требало само да обнови једно запретано сећање, ја сам морао да кренем из почетка, борећи се при том донекле и са извесним предрасудама и предубеђењима које сам као хришћанин имао о Јеврејима. Поред Лонија и *Haggade,* и ја сам се неосетно мењао: свест о правом пореклу мог оца све више ме је заокупљала.

Време проведено у Наталијином дому било је заиста изузетно: док је рат беснео на свим фронтовима а неизвесност се попут претећег облака надносила над свим житељима Београда, ја сам у кући на падинама Дедиња налазио топлу и присну атмосферу у којој сам, бар за неко време, заборављао све ратне невоље и искушења. Све троје смо се зближили, а мени самом је годила помисао што и ја донекле доприносим овој људској хармонији, али и ласкало ми је што сам успео да стекнем поверење особа толико старијих од мене. Но упркос томе, гледајући Натину срећу, ја сам у њој, не признајући сам себи, и даље видео жену која је некада могла да распири чежњу, ако не и праву страст.

Ната се свим силама трудила да угоди свом штићенику, онако како може само заљубљена, до крајности предана жена, што је, како сам понекад имао утисак, Лонију, у извесним ситуацијама, могло и да засмета. Истина, уздржавала се преда мном, настојала да своју обузетост Лонијем прикаже само као пажњу према присном пријатељу, кога су само ванредне прилике натерале да се код ње склони. Међутим, љубав која разбија све стеге разума тешко се прикрива: показивала се у Натином нехотичном покрету, блеснула би из њеног ока, откривала се у њеној претераној бризи. Само заљубљена жена могла је то да учини: да пред зиму свом љубавнику иштрика џемпер и вунене чарапе, а за лето уз моју асистенцију да набави полован сименсов вентилатор.

Имао сам утисак да Нату, упркос изузетним околностима и проблемима са којима је била суочена због Леонија, у ствари никада срећа није толико испуњавала. Љубав је њу не само подмладила онолико колико су и њена осећања према Лонију нарасла, већ ју је учинила, рекло би се, и пожртвованијом, усрднијом према другима. Да ли би била тако срећна, питао сам се, да Немци нису окупирали Београд, да њен муж није доспео у заробљеништво и да Лони није морао да се скрива код ње? Све су то, саме по себи, биле изузетне и несрећне околности, али је срећа, схватио сам то тек код Нате, најмање заснована на идеалним околностима. Срећа је нешто друго, пре свега стање крхко, лабилно, неизвесно, него нешто што се једном заувек осваја и поседује! У основи, срећа је чудесна игра над животним понором, у коју човек мора да уложи све али у којој може све и да изгуби.

Време је одмицало. Ратна срећа се преокренула, није више била на страни Немаца: Руси су одбранили Стаљинград, Енглези однели победу у Африци, Американци почели да се искрцавају у Италији. Лони, стално нагнут над радијем, више није био песимиста, јер су његове наде у скоро ослобођење, поновни излазак у свет, почеле да се остварују. Био је ипак свестан да још нису наступили дани када би, бар у сумрак, могао да прошета испред куће, али је зато у њему готово сасвим нестало страха да би Немци могли да га открију у његовом скровишту. Имао је пуно поверење у све који су редовно посећивали Наталију. А осим мене, Наталијине сестре Емилије која се старала о одузетој мајци и блиске рођаке Ане, за Лонија је знала, наравно, и Симка која је становала у истој кући и била преко петнаест година млађа од Наталије: управо, њен муж, био је власник куће и Натин блиски рођак. Нико други, чак ни најближи рођаци и пријатељи нису знали за Лонија. Како је Нати успевало да се тако изолује, а да се никоме не замери? Било је то, свакако, једно од њених лукавстава, једно од оних којима је и мене увела у свој дом и учинила саучесником у прикривању свог љубавника.

Симка је, логично, имала највише прилике да борави у овом скровишту. Кћерка имућног трговца из унутрашњости, доста грубог али не и одбојног лица, удала се неколико година пред рат. Кућа у којој су она и Наталија становале била је саграђена делимично и од њеног мираза. Рат је и њеног мужа отерао у заробљеништво. Међутим, није била приморана да потражи запослење: упркос окупацији, њен отац је располагао са довољно средстава да својој јединици и својим унуцима, петогодишњој Миланки и трогодишњем Милану, обезбеди нормалан живот. Симка је живела доста повучено, бринући се о својој болешљивој деци и одржавајући добре односе са Натом која је одувек била веома привржена њеном мужу.

Лони је морао да се свиђа Симки, иако је био знатно старији од ње. До тог закључка сам дошао релативно касно, и сасвим случајно: ухватио сам у трену један њен поглед упућен Лонију, један од оних који је све казивао. Тако је могла да погледа само заљубљена или распаљена жена, помислио сам, али другачије од Нате. У том погледу, у магновењу, све је било садржано, саопштено: страст за мушкарцем која се можда силом сузбија, али која кад-тад као муња сине и неодољиво се белодани.

Да ли је Лони схватио или бар наслућивао шта је Наталијина рођака према њему осећала? Било је природно да га је она виђала и када се Ната налазила у пивари, поготово што је њој била додељена извесна улога у прикривању Лонија, уколико се укаже потреба. Да ли су то биле само безазлене посете којима су обоје прекраћивали време или је у томе било и нечег далеко озбиљнијег? За разлику од Симке, на Лонију нисам ништа запажао а нисам примећивао било какав знак ни на Нати – да је она у њих посумњала: можда је превелика љубав њу чинила слепом?

Протекла је и 1943. На Лонију су се већ запажали први знаци апатије, иако је и даље са несмањеним еланом учио хебрејски и са крајњом напетошћу слушао Лондон. Да ли је боравак у затвореном простору већ почео да подрива његову душу или су његова осећања према Нати почела да се хладе? Посећивао сам га и даље, бар једном недељно, чак и када су амерички и енглески бомбардери почели да изручују бомбе на Београд.

Крај рата се приближавао, једна мора бледела је у очекивању брзог преокрета. Свима је било јасно да је само ствар месеци, ако не и недеља, да се окупација, бар у Београду, оконча. Руси су се независживо примицали: већ су преко Румуније кренули према Мађарској и Србији. А са примицањем фронта све јасније су се помаљале контуре мира и света који је неминовно морао да буде другачији од оног у рату, али свакако другачији и од оног какав је био пре тога.

Како ће се све то завршити, размишљао сам? Да ли ће Драги Обрадовић тек по повратку из заробљеништва сазнати да се у његовом стану скривао његов најближи пријатељ? Да ли ће то бити разлог за кидање пријатељства са Лонијем или и разлог за разлаз са Натом? Ова дилема ме је упорно копкала, несвестан тога да за све ситуације, ма колико замршене, сâм живот налази неслућена решења.

Једног дана, средином јула, Ната је ушла у магацин, први пут од како смо се упознали. Мора да је постојао какав озбиљан повод: немир и забринутост оцртавали су се на њеном лицу.

– Замислите шта сам сазнала – рекла је још са врата мог бокса. – Симка се спанђала са неким човеком за кога кажу да ради за Гестапо. Почео је и да је посећује!

– Баш за Гестапо? За кога се све данас не каже да је агент Гестапоа, иако је то у већини случајева чиста измишљотина – одговорио сам, у жељи да је смирим и разуверим.

– Тако тврди наш први сусед, у кога имам поверење. Тог човека је видео неколико пута са Симком. Познаје га: његова мајка је Швабица, а неко време провео је у Русији. Сада ради код Тота. Бринем се: сусед не зна за Лонија, али зато гестаповац може лако да дозна за њега.

Никада је нисам видео такву: и даље лепа у својој црној хаљини, стајала је преда мном, сва устрептала од узбуђења и очекивања мог одговора. У њеним очима више није било никакве благости ни питомости: гледала ме је нетремице некако сва пренета у свој упорни, одлучни и заповеднички поглед. Није ме молила, већ наређивала, или бар стављала до знања да од мене може да захтева све што је за њу од животног значаја.

Није дошла код мене, помислио сам, само зато да ми саопшти неочекивану и непријатну вест.

Дошла је у нади да ћу јој и у таквој ситуацији безусловно да помогнем: ако се Симка заиста спанђала са гестаповцем, онда је Лони био свакако крајње угрожен.

– Заиста незгодно – одговорио сам. – У таквој ситуацији не преостаје Вам ништа друго него да Лонија скривате на неком другом месту – стављајући јој тако на знање да је Лонијева безбедност превасходно њен лични проблем.

– Сместа бих то урадила да само знам где. Не могу код мајке. Стан је мали, а мајка већ дуже времена непокретна.

Ната није губила наду, свесна да не могу да будем равнодушан ни према Лонију ни према њој самој. Стајала је и даље у вратима мог бокса, испуњавајући овај скучени простор више својом душом него телом: тог трснутка постојала је само она, сва преточена у своја два лепа крупна ока, у фино исцизелиране ноздрве које су од напетости и узбуђења приметно подрхтавале. Гледала ме је упорно, продорно, безмало хипнотички, другачије него икада раније: у њеним очима више није било ни дискретног, ненаметљивог позива на часно пријатељство, ни оног помало враголастог сјаја којим се она као жена несвесно брани од радозналог погледа мушкарца. Било је нечег неочекиваног у њима: позива, ако не и императива да њену жељу по сваку цену испуним.

Како је само агресивна, помислио сам, гледајући је тако одлучну и наметљиву: дошла је да ме подсети на прве дане нашег познанства, на време када се Лони још није налазио између нас, на њене песме и све оно поверење које ми је као жена указала, а, можда, и на све оне потајне наде које је у мени својом лепотом пробудила. Очи ме нису варале: све на њој, почев од њеног лица па до тела и држања, било је одређено њеном немом поруком мени. Као да је чак и самим својим ћутањем мени казивала: без обзира што се твоја очекивања нису остварила, ти остајеш мој дужник. И неостварена страст и љубав обавезују!

Био сам спреман да јој, као уосталом и раније, у свакој прилици помогнем, али се сад јави у мени неки отпор, готово инат: видећи је тако безобзирну, спремну да ме у својој невољи подсети на моју безмало пуну моралну обавезу према себи. У сваком случају нешто је било јаче од мене: можда је управо тих тренутака проговорила, дуго потискивана, подсвесна жеља за неком врстом одмазде, за једно некад изневерено очекивање или је то мноме овладао нагон за самоодржањем, који је у оваквој ситуацији владао мојим мислима и одлукама?

Бесумње, могао сам тада да прихватим Лонија уз крајње залагање и велики ризик: немачки официр који је становао у реквирираној соби нашег стана није се појављивао већ десетак дана. Био је то један од несумњивих знакова да су се Немци повлачили и губили рат. Но, све то још ни најмање није олакшавало моју ситуацију: ако соба више није била проблем, нешто друго ме је спречавало да обезбедим скровиште – моја мајка. Како да њу, и даље заплашену Немцима, наговорим да прихвати једног Јеврејина – бегунца? Немци су одлазили, али се њихова власт и даље осећала и уливала страх, њихова страст за уништењем Јевреја остајала је нетакнута, упркос рату који су очигледно већ изгубили. Ипак, признајем, све то није морало да буде главни разлог што нисам био спреман да помогнем Лонију, не учиним све да сломијем отпор мајке. Међутим, тог тренутка судбину овог Јеврејина нису одлучили страх ни евентуални отпор моје мајке већ нешто треће: моја осећања према жени, мој можда и невољни реванш особи која је преда мном попут затегнутог лука стајала.

— Ако Ви не знате где бисте Лонија могли да сакријете, ја још мање знам. Сâм себи нисам веровао да су ове речи могле из мене да излете: као да је тада из мене и преко мене неко други Нати одговарао.

Није више инсистирала: схватила је да је моја одлука неопозива, мада је можда запазила колико ми је све то тешко падало. Понос је у њој ипак превладао: окренула се са изразом суздржаног гнева на лицу и без речи се удаљила, поражена сазнањем да су они, Лони и она, препуштени сами себи, другим речима — препуштени на милост и немилост свих непредвидљивости и апсурда рата.

Трећег дана чуло се да су Немци ухапсили Нату.

РАШКО

Није упадао у очи само својом висином и мршавошћу. Упадљиви су били и његова веома издужена глава, узано лице, глатка светлосмеђа коса, подужи шиљасти нос, дуге али танке усне, необично живе зеленкастожуте очи које су се можда најпре запажале. Енглез или Немац, помислио би човек на први поглед.

Осетио сам према њему симпатије још при нашем првом сусрету, за разлику од Ернста Улмана са којим сам се у пивари тек после дужег времена зближио, али никад у тој мери као са Рашком. У оно доба још нисам довољно упознао људе, али чим сам га видео, схватио сам да у њега, чак и у време рата, могу да имам пуно поверење, иако је деловао помало неуротично: жмиркао је чешће него што је нормално а веома дугим рукама и великим шакама сличним веслима гестикулирао више него што је потребно.

Запослио се у пивари седам година пре избијања рата, доста касно за човека бар десет година старијег од мене. Није крио што се тако дуго клонио посла: безбрижан живот вечитог студента био му је дражи од свега, чак и од бриге за будућност. Ни отац, виши банкарски чиновник, ни мајка нису свом јединцу одређивали рокове када треба да заврши права. А када је отац напрасно умро, изгубио је вољу да заврши студије, па му тако није ништа друго преостало него да се запосли у пивари захваљујући Урошу Крстићу, мајчином рођаку, једном од најутицајнијих акционара пиваре.

Одредили су га за помоћника главног набављача, Матеје Удовчића о чијим се готово легендарним способностима причало у пивари и у време рата. Под Матејиним надзором радио је две године, све до смрти свог шефа, довољно да се упозна са техником и стилом пословања. После Матејине смрти дирекција пиваре препустила је Рашку да руководи набавном службом.

Када смо се упознали Рашко је имао за собом већ неколико година самосталног оперативног искуства. Дирекција и главни акционари били су задовољни његовим радом, безмало као самим Удовчићем. Тај посао је очевидно одговарао и његовим способностима и његовој природи, јер му је дозвољавао да борави много више ван пиваре него у њој, поготово за време окупације када је снабдевање основним сировинама и материјалом бивало све теже и сложеније. Природа нашег посла приморавала нас је да увелико сарађујемо, али извесно је да бисмо се зближили и без тога. Истина, снабдевање самог магацина није било у његовој надлежности пошто смо се у прво време ја и мој шеф Роберт Зајдл старали о набавкама свакодневног потрошног материјала као што су ексери, потковице, електрични осигурачи, сумпорна киселина, камена сода, док се Рашко старао о набавкама хмеља, јечма, кукуруза и угља. Међутим, једна околност приморавала је Рашка да се мени све чешће обраћа: био сам му неопходан када би одлазио немачким властима да оне одобре набавку робе потребне пивари.

Већ трећег дана по мом ступању у пивару искористио је прилику, када је мој шеф Зајдл изашао из магацина, да ме запита у строгом поверењу да ли слушам радио Лондон. Признао сам без икаквог устезања да га редовно слушам јер ми је неки инстинкт казивао да није један од оних подмуклих провокатора. Потапшао ме је по рамену и рекао жмиркајући на свој особен начин: „И ја га слушам. Не знам шта бих без њега.“

Био је ожењен женом његових година, само својом суштом супротношћу. Из милости је звао Микица. Било је просто незамисливо да су њих двоје могли да буду брачни пар, јер су се физички готово до крајности разликовали: док је Рашко био висок, мршав, више плав него смеђ, његова жена припадала је роду ониских, пуначких и лепушкастих, флегматичних црнки. Разликовали су се и својим држањем и понашањем: док је он био увек у покрету, напет, живахан, радознао, она је припадала особама затвореним у себе, неповерљивим, рекло би се увек због нечег замишљеним, можда због нечег и трајно незадовољним. Могла је да се свиди, али не само због својих доста складних облина већ и због свог белог тена, чулних усана и изразито црних, крупних и помало меланхоличних очију које као да су нешто скривале или прећуткивале. Ништа се на њеном глатком, негованом лицу није променило када ме је Рашко њој први пут представио: само ми је пружила руку не баш дугих прстију као неко ко другом чини част што може са њом да се рукује.

Још током тог првог сусрета са њом схватио сам колико је Рашко морао да буде подређен тој особи некако затвореној у тајанству свог женског бића. Уосталом, Рашко је без икаквог устручавања показивао шта све осећа према њој: чак и када је био заокупљен разговором са мном скретао би често поглед према њој да би и у таквој ситуацији установио у каквом је она расположењу и са каквим мислима. Често сам се питао да ли га је њена притајена и можда пригушивана меланхолија чинила несигурним, испуњавала страхом да јој се нешто не догоди или да га она једног дана не напусти?

Петар Ракић, возач „Сантинела“, теретног возила са погоном на угаљ, један од првих радника са којим сам се спријатељио, није имао ласкаво мишљење о Рашку као припаднику мушког рода, али је по некој здравој, сељачкој логици и он схватио да је Рашко имао смисла за посао који му је био поверен, првенствено због несумњивог дара да успоставља контакте са људима.

Да ли га је тај урођени инстинкт упутио на мене, намештеника који у пивари није ништа значио али који би му, упркос томе, у извесним околностима могао да буде од неке користи? Нешто ми није промакло: испољио је нескривено интересовање када сам му у једном невезаном разговору рекао како моје познавање немачког није искључиво гимназијско и како сам кадар да на том језику водим једноставну кореспонденцију. За њега је то било право откриће. „Сјајно!“ – рекао је. „Већ од сутра писаћемо Немцима“.

Нема сумње, био је један од оних који су одмах схватили парадокс заједнички свим кризама, нарочито оним ратним: могућност да се прибави богатство управо на оним стварима којх нема довољно. Брзо је упознао како функционише привредни механизам током окупације, у коме су се неухватљиви закони тржишта преплитали са одлукама немачких војних саветника али и интервенцијама домаћих централа за расподелу разног материјала као и дирекције за снабдевање грађанства. За мене сав овај сложени систем није био ништа друго до систем лишавања и ограничавања, коме су грађани били подређени и који је по потреби могао према њима да буде крајње суров. Међутим, Рашко је видео оно што је мојим очима измицало: канале и ганглије у том сложеном систему, који су човеку, лукавом и сналажљивом, могли да пруже оно што му можда чак ни у доба мира не би било доступно.

Већ почетком јула почео сам на његово инсистирање да пишем бројне молбе за набавку материјала, упућене саветницима Генералног опуномоћеника за привреду Србије. Он их је састављао док сам их ја преводио и прекуцавао а директор Новачек потписивао. Молбе су биле писане увек по истом обрасцу: у свакој је истицао да пивара испоручује велике количине пива немачкој војсци и да би без траженог материјала производња пива била доведена у питање. Молбе нису остајале без ефекта јер их иначе не би све чешће подносио. Истовремено се обраћао и разним домаћим централама којима су руководили наши људи – ове молбе куцао је сам.

Никако ми није јасно како је после извесног времена, без знања немачког језика успоставио личне везе са официрима из генералног опуномоћеништва, али сам током времена сазнао како му је то успевало: добијао је, било од Немаца, било од наших централа одобрења за куповину траженог материјала али све одобрене количине није набављао искључиво за пивару, већ је један део, купљен његовим новцем, препродавао другима. Немачки саветници били су, за чудо, лаке руке, а да би такви били, он се за то лично постарао: снабдевао их је редовно пивом уз одобрење дирекције коју је убедио да је то ефикаснији начин да се пивара редовно снабдева неопходним стварима.

Прву јесен окупације дочекао је у видљиво добром расположењу: Немци су незадрживо напредовали кроз просторе Русије док су Енглези почели да се опорављају. Немце није волео. Као син ратника који је прошао преко албанских брда био је изразито наклоњен прво Французима, а после њиховог пораза – Енглезима. Веровао је у коначну победу Енглеске, поготово после немачког напада на Русију, уверен да ће рат толико да исцрпи Немце и Русе да ће на крају Енглеска бити у стању да диктира мир. Зазирао је од Петра Ракића; русофилство возача „Сантинела“ ишло му је очигледно на живце, или се пак овог човека потајно и прибојавао.

Новац лако стечен остављао је трага на Рашку. И даље је претерано жмиркао, гестикулирао својим дугим рукама, али су му очи чинило се, биле сјајније него раније. Добио је неку лежерност па и сигурност у држању и понашању. Новац је свакако почео да делује, помислио сам: ослобађао га је вероватно сумњи у себе, ако их је раније и било, будио апетите, отварао нове перспективе а што је можда било најбитније пружао му је шансу да за себе чвршће веже Микицу.

За разлику од њега она се за то време није променила, иако је почела да се лепше и рафинираније облачи. Рашков новац је омогућавао да набавља ствари које су јој у доба мира биле можда недоступне, будио прохтеве које је некада морала да потискује у себи. Па ипак, рекло би се, новац није био свемоћан, кадар да је изнутра измени. Меланхолија се и даље огледала у њеним очима, обликовала попут вајара њено лице, управљала њеним покретима упркос томе што су о њеној спољашности и њеној изразито црној и густој коси водили бригу најпознатији београдски кројачи и фризери. Било је јасно да Рашко није штедео на њој, али сâм новац, на његову велику жалост, био је по свему судећи немоћан да уклони оне баријере које су и даље стајале између њих.

Кад год бих је видео питао сам се шта је заправо морало да утиче на то да праву радост и знаке унутарњег задовољства у њеним очима, па и у њеном држању, још ниједном нисам приметио? Можда је одговор требало тражити у њеној прошлости? Међутим, све што сам сазнао од Рашка и других било је, према мом утиску, недовољно да би корен меланхолије ове жене скромног порекла, рођене у унутрашњости али одрасле у Београду, требало потражити искључиво у годинама њеног девојаштва, иако је у време када је матурирала њен момак, авијатичар, погинуо у саобраћајној несрећи на копну. Чак и тај, бесумње трагичан догађај није, по свему судећи, могао да буде главни разлог њеног садашњег душевног стања. А понекад бих био спреман да закључим како је та њена меланхолија била, ако не проклетство, онда можда нека врста скривеног богатства њене душе?

Већ при крају 1941. Рашку није била више потребна моја помоћ у превођењу. Осамосталио се, иако сам био убеђен да за то време није могао толико да овлада немачким да би био способан да без преводиоца разговара са немачким саветницима, још мање да сам пише молбе њима. Није крио од мене да и даље одлази у импозантну зграду у Немањиној улици, довршену пред сам рат, одакле се руководило привредом окупиране Србије, а мени није промакло то да је дебељушкасти, бркати Милосав готово свакодневно по Рашковом налогу разносио Немцима пиво.

Све то, ипак, није имало утицаја на наше односе, иако сам запазио, нарочито после пораза Немаца пред Москвом да се нешто преломило у њему. Лондон је и даље био наша заједничка тема: препричавали смо вести, коментарисали, прогнозирали. Веровао је и даље у победу Енглеза, нарочито од дана када су Немци објавили рат Америци. Међутим, после слома немачке офанзиве пред Москвом већ је почео да стрепи од Русије као земље која би могла да се нађе у табору победника и као таква да кроји судбину послератне Југославије. Савест му, очигледно, није давала мира.

У таквој ситуацији било би логично да обузда своју похлепу за новцем. Али, она је била јача од свега: и обазривости, и бриге о будућности, и опасности у коју можда срља. Негде пред почетак битке за Стаљинград саопштио ми је да ће се из Бранкове улице преселити у већи, комфорнији стан.

Нови стан се налазио у вишеспратници изграђеној средином тридесетих. У овој кући импозантног степеништа, становали су имућни људи који нису располагали само новцем већ су водили рачуна и о лепоти ентеријера. Рашко је становао на другом спрату. Готово сам се запањио када сам прешао преко прага овог двоипособног стана који се толико разликовао од оног у Бранковој: гипсани плафони, скупоцени теписи, уметничке слике, стилске фотеље и стилски пианино. У салону сам одмах уочио два велика портрета у уљу: мушкарац и жена приближних година. Радио их је исти уметник који је у својој младости морао, рекло би се, да има два славна узора — Ел Грека и Ван Дајка: ликови можда издуженији и отменији него у природи који су мање одговарали живим оригиналима него пиктуралним узорима самог сликара. Мушкарац је био изразито црн, нешто проћелав, испуњен неком притајеном самоувереношћу а жена готово изразита плавуша, дугих, али танких усана и вероватно мало кукастог носа који уметник није желео да сувише истакне. Такви какви су били представљени на платну морали су да припадају кругу угледних, добро ситуираних личности. То су портрети брачног пара, власника стана, Рашко ме је упознао, богатих аустријских покрштених Јевреја који су још пре аншлуса напустили Аустрију и изабрали Београд за своје ново боравиште, уверени да им ту неће претити опасност. А када су Немци заузели Аустрију онда су, схвативши да се опасност приближава, још пре 27. марта 1941., потражили уточиште у Турској, препустивши својим пријатељима Србима и Јеврејима бригу о њиховом стану. Један од њихових пријатеља био је и Рашков.

Рашко је помно пратио како реагујем разгледајући његово ново боравиште. Није крио своје задовољство што је мене стан у Његошевој веома импресионирао: као да је у томе налазио потврду да је постао човек од успеха ако не и угледа, свеједно што је тај успех почивао на пословима сумњивог порекла.

– Шта ћеш да радиш када се власници после рата врате? – запитао сам га.

Моје питање га је збунило. Није га уопште очекивао, поготово од мене. Бесумње, моје речи су га такле у најосетљивије место, подсећале на нешто што је желео да истисне из мисли али што је упркос томе остајало у његовој свести.

Није одмах одговорио. Погледао ме је готово запањено и онда, премишљајући неколико тренутака и жмиркајући нервозно очима рекао готово љутито:

– Кажеш, ако се врате? Питање је, драги мој, да ли ће се они уопште вратити! Тих дана немачке трупе незадрживо су кретале према Стаљинграду.

Од тог тренутка рат је престао да буде наша тема. Нисам је покретао јер сам схватио да је сваки разговор о ратним збивањима и прогнозама бивао све мучнији за њега. Ускоро сам закључио да је чак и Лондон престао да слуша. Мењао се, у то више није било сумње: начин којим је стицао новац није одређивао само његов измењени стил живљења него и сам поглед на рат ако не и на сам живот мада он сам то можда није ни желео. Глас Лондона био је све до пресељења у Његошеву његов глас, после тога преобратио се у његову савест и његову бојазан за будућност. Сигуран сам да је морао да води тешку, мучну борбу са самим собом. Да ли да прекине са својим дотадашњим начином стицања богатства или да прихвати живот онакав какав су водили милиони грађана Србије? Ипак, жеђ за новцем је превладала, гонила га да се и даље држи Немаца чак и да их прихвата, све спонтаније, за своје савезнике, прижељкујући чак и уништење народа који су они ионако намеравали да истребе. Тонуо је све дубље, док сам се ја понекад питао: да ли је жудео за новцем само због новца или можда из жеље да управо преко новца уклони све оно што је изједало изнутра његову жену и спречавало је да му и својом душом припада.

Ни пресељење у нови стан Микицу није изменило. Остала је онаква каква је била оног дана када сам је упознао: апатична, ћутљива, затворена у себе. А њен лик као да је већ сам по себи казивао: Ништа не вреди! Ни хаљине, ни накит, ни раскошан стан! Све је таштина, све је то ништа према оном што празни моју душу, што ме непоправљиво унесрећује.

Посао нас је присиљавао да се и даље виђамо, мада знатно ређе. Верујем да са њим не бих прекинуо и да су га његове махинације увукле у чист криминал: упркос томе што се обогатио гледао сам и даље у њему несигурног ако не и несрећног човека коме је помоћ била потребнија много више него онима мање имућним од њега. Осећао сам да ми је остао приврженик упркос околностима што се у рату више нисмо налазили на истој страни: сматрао ме је и даље својим поверљивим пријатељем иако сам био знатно млађи и неискуснији од њега. У основи, био сам му потребнији него у време када смо се тек упознали и почели да сарађујемо, потребан као неко коме је познато како је стицао и како и даље стиче новац али коме то није сметало да са њим и даље остане у присним односима. Као да је о мени овако расуђивао: зна шта радим, али то није страшно све док не почне да ми отворено пребацује и док ме сматра за свог пријатеља. Чини ми се да му није толико стало шта мисле други из пиваре о њему, али га се тицало како се ја понашам према њему: моја блискост и искреност као да је била показатељ из којег је могао да закључи колико је у својим не сасвим часним пословима претерао. Но, ја сам, ћутао, чак и када га је незајажљивост одводила у Банат и када сам на његовом прсту угледао крупан скупоцени прстен. Ћутао сам иако свестан тога да бих за његово добро требало да га бар у најблажој форми опоменем.

Стигла је и четрдесетчетврта. Њен историјски смисао и значај нисам налазио толико у њеној зими колико у њеном пролећу: америчким и енглеским бомбардерима које су необјашњиви разлози довели над наше главе и куће. Београд је почео поново да страда, као што је страдао и пре три године када су *Штуке* над нашом престоницом најављивале долазак Немаца. Међутим, овог пута Немци су најављивали своје повлачење.

– Шта да радим – запитао ме је крајем августа Рашко. Ове три речи које се, како се чини, изговарају у свим кључним, кризним ситуацијама, све су садржавале и објашњавале: и прећутно признање сопствене грешке, и одоцнели наступ искреног кајања, и већ видљиву стрепњу од сутрашњице.

Тог истог дана савезници су бомбардовали Чукарицу а дан пре тога дирекција за пиваре донела је одлуку да прекине са производњом пива. Нашао ме је у магацину. Урош Крстић, већ се увелико говорило, припрема се да са породицом напусти Београд, вест која је за Рашка била значајнија и поразнија од свих осталих: као да се тек тада коначно пренуо, пробудио из једног сна и схватио на свој ужас шта је све током окупације радио и шта би могло да га очекује кад Београд буде ослобођен: у Петру Ракићу, тих дана сивој еминенцији пиваре, већ је гледао свог будућег пресудитеља.

Већ саме његове очи све су саопштавале. Нестало је и последње илузије, указала се истина о којој ниједном током рата није желео да размишља. Лице му се још више издужило, жмиркање удвостручило, огромне руке приметно подрхтавале. И да ништа није рекао, схватио бих да се појавио код мене само зато да потражи савет. Није се више радило о новцу. Радило се о његовој будућности.

– Не знам – одговорио сам – ти једини знаш шта си радио, па зато и једини знаш шта у оваквим околностима треба да радиш. Тог тренутка нисам био сасвим искрен, јер у сваком случају, да сам се налазио на његовом месту, не бих чекао партизане и Русе. И данас се питам да ли сам онда тако поступао само зато да бих донекле допринео томе да Рашко искуси макар и најблажу казну за све оно што је током рата радио, верујући да га неће снаћи оно најгоре.

Но, Рашко је и даље инсистирао. „Реци ми већ једном шта би ти радио да си на мом месту?“ Није то било само инсистирање већ и очигледно преклињање. Међутим, иако сам видео да је очајан, нисам падао у искушење да му кажем оно што заиста мислим.

– Имаш још времена да размислиш. Најзад, Руси су још далеко, а ко зна шта у међувремену може да се догоди? И овог пута нисам био сасвим искрен: на његовом месту одмах бих напустио Београд, не чекајући да се повлачим заједно са гоњеним Немцима.

Као да су га ове речи за тренутак мало смириле. Можда је такво решење и прижељкивао: одложити болни тренутак одлуке, макар то било и непромишљено.

Престао је да долази у пивару, али нисмо престали да се виђамо. Инсистирао је да са њим и Микицом одлазим у шетње периферијом Београда, а тих дана никакве ме обавезе нису приморавале да цело време проводим у пивари. Микичино друштво није му било довољно.

Готово свакодневно одлазио сам до *Москве* где су ме у одређено време чекали Рашко и Микица, па бисмо одатле кретали у шетње, препуштајући Рашку да нас води. Зачудо, рекло би се да је управо тих дана Микица била према њему нежнија, преданија: држала би га за руку, повремено наслањала главу на његово раме, погледала својим тамним очима иза којих се и даље скривала меланхолија али у којима није више било, рекло би се, ранијег безнађа. Можда је и она била свесна његове деликатне ситуације па је својом нежношћу покушавала да га бар донекле смири.

Необичне су биле те шетње у данима ишчекивања коначног расплета и преокрета. Немачки војници и официри и даље су се виђали, али ти људи, на чијим лицима нису могли да се опазе знаци деморалисања и очајања поражених, нису више у нама будили ни страх ни зебњу. Одлазили су готово неосетно као што је одлазило и то топло, касно лето, испуњавајући ме нестрпљењем да што пре доживим дан када ће се рат осећати као превладана несрећа и болест. Крстарили смо најдоњим Дорћолом, улицама за које до тада уопште нисам знао да постоје, долазили до Дунава и враћали се другим путем. Овај део града у коме је провео детињство Рашко је познавао много боље од мене, али пролазећи опустелим и запуштеним улицама није показивао никакве знаке да се тог тренутка шета кроз своју прошлост. Корачао је најчешће погнуте главе, замишљен, испуњен стрепњом, можда и надом: био је свестан да се Немци повлаче али је још очајнички веровао да би ситуација могла да се преокрене и Руси и партизани не уђу у Београд. Веровао је у чудо.

Неко време шетали смо готово из дана у дан у зависности од Рашковог расположења. Ћутање бих обично ја прекидао, покушавајући да га бар за неко време растеретим од црних мисли. Да није било мене он би, тако ми се чинило, непрестано ћутао као што је ћутала и Микица ионако крајње шкрта на речима. Ја сам заподевао разговор, приморавао га да се о разним стварима изјашњава, подстицао да говори о својој прошлости и, захваљујући томе успело ми је да завирим у његову личност, далеко више него претходне три године. И шта сам тада схватио: био је, несумњиво, рођени слабић који је уместо великих циљева прижељкивао неког коме би се потпуно предао али који би и њему самом сличном мером требало да узврати. Његова трагедија је била у томе, био сам сигуран, што у својој жени ама баш ништа од тога није налазио.

После Дорћола водио нас је крајевима града мени још мање познатим: Звездаром, Вождовцем, Раковицом. Не верујем да је онако заокупљен својим проблемима био у стању да у овим шетњама открива исто оно тихо задовољство које сам ја, ослобођен озбиљних брига и страха, осећао. Тих дана откривао сам, више него пре тога, близину јесени не само у дрворедима и кућним баштама чију је боју касно лето већ почело да мења, него и у самом небу иако га већ одавно нису прекрили кишни облаци, па и у нешто мање радосном цвркуту птица и самим сунчевим зрацима, топлим али не више и врелим. Све је то, имао сам утисак, најављивало не само промену годишњег доба већ и близину дана када ће у Београду све бити другачије него раније. Хоћу ли бити срећнији, питао сам се поред њих двоје газећи већ по првом опалом лишћу и шутирајући несвесно заједно са Рашком, опало дивље кестење? Стрепео сам од неизвесне будућности али из другачијих разлога него Блетнер и Крстић: материјално нисам имао шта да изгубим, али промена коју су најављивали Руси и партизани неминовно је морала да се такне и мене: биће то сусрет ако не и сукоб са новом идеологијом, новим изазовима. Како ћу се у свему томе снаћи? А Немци су се већ увелико повлачили авалским друмом, тенковима још већим него у доба нашег слома, тешким хаубицама враћали се у своју земљу као поражени ратници али, рекло би се, мање забринути од Рашка.

А оног дана када смо се обрели у Топчидеру, Рашко који је до тада ћутао, једног тренутка се обратио Микици: „Можда би било најбоље да и ми одемо“. Управо тог поподнева сазнао сам у пивари да су Крстићеви најзад отпутовали и ту вест, наравно, пренео сам Рашку. Није говорио ништа током ове шетње бесумње зато што га је поразила вест о одласку Крстићевих: све док су они остајали у Београду страх га није толико обузимао, али када је сазнао за њихов одлазак као да се осетио крајње напуштеним, бездушно изданим.

– Да отпутујемо – рекла је Микица, не кријући своје изненађење, обесивши се готово свом тежином о његову руку. – Зар мислиш да је тако једноставно да већ сутра кренемо? Очигледно, није јој се путовало, поготово у једну неизвесност каква је избеглиштво. Да ли је тада она уопште била свесна положаја свог мужа? Да ли су јој биле познате све махинације којима је долазио до пара које су јој током тешких дана окупације живот учиниле далеко угоднијим него пре рата? Очигледно је, тог тренутка, мислила само на себе: о Рашковим разлозима није желела да води рачуна. Није ми се никад чинила тако привлачном као тог касног поподнева, у својој белој свиленој хаљини без рукава, црне косе увијене у пунђу која јој је оголила не тако танак али доста дуг врат, и млечно белог лица које је тако одударало од тамнине њених зеница.

Била је то наша последња шетња. Као да га је одлазак Крстићевих сасвим деморалисао, потиснуо чак и потребу да свој немир и свој страх бар за неко време одагна шетњама. Ипак, свраћао је свакодневно у пивару све док прве борбе на прилазима Београда нису почеле, али не зато да поразговарамо већ, како сам слутио, да у контакту са амбијентом пиваре нађе извесно олакшање. Последњег дана нешто ми је поверио: крај борби дочекао би радије у свом стану у Бранковој него у оном у Његошевој. Међутим, то је у оваквим приликама било неизводљиво, јер су рођаци којима је привремено уступио свој стан напустили Београд одмах после савезничког бомбардовања и, на несрећу, са собом понели оба кључа. Трећим није располагао.

Дошао је најзад дан од којег сам се истовремено прибојавао и коме сам се радовао. Борбе се нису још сасвим ни окончале а ја сам одјурио у пивару. Било је прерано да тамо затекнем Рашка. Но, није се појављивао ни следећег дана када су се готово сви радници и намештеници вратили својим радним местима. Није га било ни другог. Трећег дана одлучио сам да га потражим.

И Његошева улица носила је видљиве трагове борби, мада су већу штету били нанели савезнички авиони. Зграда у којој су Рашко и Микица становали остала је нетакнута. Још са степеништа опазио сам да су врата његовог стана отворена. Без оклевања сам прешао преко прага: у предсобљу се налазио руски војник са машинком о рамену. Очигледно, нешто се озбиљно догодило! Нисам стигао да се обратим војнику пошто се истог трена из салона појавио један партизан.

— Шта тражиш — запитао ме је.

— Свог пријатеља који ту станује — одговорио сам.

— Онда уђи.

На персијском тепиху, у салону, у коме се осим још једног Руса са зеленом шапком и партизанског официра, налазио и Миомир, Рашков ближи рођак, лежало је, испод портрета одбеглих Јевреја, једно тело делимично покривено белим чаршавом. То је могао да буде само Рашко: оцртавале су се контуре његовог дугог, кошчатог трупа и његових танких, дугих ногу док су велика, уска стопала у чарапама вирила испод набораног чаршава. Вирила је и његова, широм отворена, шака десне руке. Запазио сам на средини собе, испод лустера, кухињски сто и изврнуту столицу, док је дуж масивног, металног лустера висио конопац пресечен у висини доњег реда светиљки.

Чим сам се приближио лешу партизански официр је једним покретом стргнуо чаршав.

— Познајеш ли га — запитао ме је. Био је то Рашко: нисам га видео с лица већ из профила јер му је глава била окренута у страну. Омршавео, жуто-бео, рашчупане косе. Као да се са неким борио. Међутим, на његовом лицу, онако из профила, ни трага од грча, патње.

— Познајем, Рашко Станчић — одговорио сам.

Саслушање није дуго трајало. Руса и партизанског официра који је доста течно говорио руски, није интересовала драма самоубице, заправо разлог због којег се убио. Интересовало их је само то да ли сам се у овом стану можда затекао док су се још водиле борбе и да ли сам том приликом видео једног руског официра. Објаснио сам им да је циљ мог доласка само то да сазнам шта је са мојим колегом из пиваре који већ трећи дан изостаје са посла. Поверовали су ми и више ме ништа нису питали. Пустили су ме када је Рус, човек већ у годинама, махнуо руком у знак да моје присуство више није потребно. Али, још док сам стајао поред Рашковог непомичног тела бацио сам поглед кроз отворена врата спаваће собе: широки брачни кревет у дуборезу био је у крајњем нереду али не само зато што је неко стргнуо једним покретом чаршав којим су прекрили Рашка. Угледао сам и боце разног пића и чаше на ноћном сточићу и тепиху поред кревета.

Већ из самих ових података мога сам да у грубим обрисима наслутим шта се све у овом стану током борби дешавало. И Рус и партизан трагају за једним руским официром који је током борби вероватно боравио код Рашка и који је, по свему судећи, побегао са Микицом. За Руса, официра, био је то превасходно случај класичног дезертерства, повод да се крене у потеру за борцем који се усред рата упустио у једну недозвољену авантуру која га је удаљила из редова ратника. За мене је то била, могао сам одмах да схватим, једна драма коју је само апсурд рата могао да испише.

Почела је свакако оног дана када се један руски официр, било током уличних борби, било одмах после њих, обрео у Рашковом стану. Било је неизвесно само како: да ли су га Рашко и Микица добровољно примили или су били принуђени да то ураде. Сам ток и епилог драме били су известнији: изненада, можда већ на први поглед зближили су се њих двоје – привлачна Београђанка и један по свему судећи заморени ратник, букнула страст која је и код једног и код другог морала да буде јача од свега, свих препрека и обзира. Неред у спаваћој соби, боце жестоког пића на ноћном сточићу и поред кревета, трагови прљавих чизама на белом дамасту казивали су шта се све у овој соби морало да одиграва: док су топови грмели, митраљези у близини штектали, тенкови тутњали, њих двоје су се у најинтимнијем брачном кутку пожудно грлили, надокнађујући једно другом све оно што су у животу пре тога пропустили, гоњени подсвесно жељом да упркос стрепњи пред опасношћу и претњи смрћу као и свести о неминовном растанку, сваки преостали тренутак испуне тако ненадно распаљеном страшћу.

Он, војник, сусрео се тих дана уместо са непријатељем, неочекивано, са лепом женом какву до тада можда није упознао. Жудња за њом морала је сваког часа да расте и да у њему утрне свест о томе да треба да настави путем којим га је логика и судбина рата водила. Микица? Бесумње, вечито меланхолична мора да је и она у сусрету са непознатим официром изгубила главу. Није се премишљала: бацила се у загрљај овог човека не размишљајући о томе какав бол и понижење наноси Рашку и шта све из овог чина може да проистекне. И за њу и за Руса, све је још у кревету било одлучено: за обоје, растанак је морао да буде раван смрти!

Зашто се не би некуд склонили, побегли у часовима када се грмљавина рата бар у њиховој близини утишала а прва линија фронта се удаљавала, макар и не знали куда, макар то било и чисто безумље. Можда је она, житељ Београда, пронашла неко решење, па су усред дана или усред ноћи заједно кренули свом циљу – животу или смрти.

Јадни Рашко! Како се само живот са њим поиграо тих стравичних дана! И данас покушавам да замислим све оно што је морао да претрпи, али сигуран сам да је то ипак била само сенка свега оног што му је његов усуд одредио: очајан, беспомоћан, морао је да тумара по салону, слушајући како се неколико метара од њега, иза затворених врата, његова Микица предаје непознатом ратнику, онако како никад није могла њему. На његовом месту други се не би устручавао да их обоје убије или да сâм, упркос борби, оде из стана. Није био такав: остао је и даље у том паклу, спреман да поднесе све, па и највеће понижење, у варљивој нади да ће свест о дужности упаљеног ратника једног тренутка одвојити од Микице, док њој неће ништа друго преостати до да му се покајнички врати. И, наравно, он би јој све опростио, спреман чак и да све заборави.

Исход је био другачији: побегли су! Ко зна! Можда је са ратником побегла без речи извињења и објашњења што је Рашка бесумње до крајности погодило.

И шта му је после тога преостало? Ништа друго до да потражи конопац, догура мали бели сто из кухиње, попне се на њега и столицу, веже конопац за куку о којој је висио скупоцени лустер са два реда сијалица у кристалним чашама, одгурне сто својим ногама и зањише се, заједно са лустером. Кука је издржала његову тежину.

Само по ту цену могао је да изађе на крај са својим болом, да се нађе тамо где нема ни сећања ни заборава, радости ни очајања, заблуда ни отрежњења, трајања ни пролазности.

СУСЕДИ

Као магационер пиваре најпре сам се упознао са Петром Ракићем и Ернстом Улманом, радницима. Обојица су становали у ониским кућицама у дворишту пиваре, одмах до магацина. Били су први суседи, а испод њихових прозора, на комаду земље од десетак квадратних метара, расло је готово преко целе године разноврсно цвеће које су њихове супруге брижљиво неговале. Петар Ракић је био возач „Сантинела“ теретњака са погоном на угаљ, Ернст Улман – главни електричар. По својим годинама Ракић је могао да ми буде отац, Улман брат – старији највише једну деценију од мене.

Било ми је јасно да сам стекао њихово поверење онда када су са мном сваки понаособ почели говоре о рату, теми која је у оно доба била веома рискантна. Из Ернста је проговарао Немац кога су војни успеси Немачке могли да усхите, али који је упркос томе водио рачуна о мери својих усхићења. Петар, Србин, није могао преда мном да прикрива своје „навијачке“ страсти. Јесте, говорио ми је без околишања, Немци сад напредују кроз Русију, али неће дуго. Русија је, према његовом мишљењу непобедива. Лако сам га прочитао: припадао је соју отворених, непосредних људи, неспремних да се претварају или прикривају своја очекивања и своја предвиђања.

Ернст је био другачији: везе са њим су се успостављале спорије, обазривије, што је било и разумљиво. У почетку, раздвајало нас је неповерење, неизбежно у оно доба, поготово међу људима од којих су једни били срцем и душом уз, привременог, победника, други уз оног који је трпео поразе. Но, ускоро сам увидео да се овај домаћи Немац осетно разликовао од већине својих сународника код нас, и да га занос због успеха немачког оружја није сасвим заслепио и извитоперио. Није скривао свој понос што припада немачкој нацији, али се тиме није ни разметао, нити је давао себи за право да на друге гледа са висине. За једног Немца, који је чак и на своје радно одело прикачио кукасти крст, био је необично толерантан. Клонио се разговора са мном, када би дошао у магацин по материјал, о војним успесима Немаца, по свему судећи зато да ме не би повредио уколико нисам био расположен да делим његову радост и његово убеђење. Прилазио ми је насмешен, предусретљив, као да је желео да ми стави до знања да у њега, упркос свему, могу да имам поверења и да рат који се одвијао у корист Немаца не мора да нас дубоко раздваја.

Већ два месеца по свом запослењу у пивари о Петру Ракићу и Ернсту Улману сазнао сам много тога: своје село, негде у близини Љига, Ракић је напустио убрзо после завршетка Првог светског рата. Није га отерала велика невоља, сиромаштво које је рат донео и које се првих година мира споро отклањало. У кући родитеља било је места и за њега, али он, изучивши ковачки занат, није могао у њој да се скраси. Допутовао је у Београд и одмах се запослио код једног ковача на Чукарици. Провео је ту неколико мукотрпних година па је онда, захваљујући залагању пријатеља из истог села и околности што је донекле био упућен у аутомеханичарски занат, прешао у пивару, и ускоро постао помоћник возача првог теретног камиона.

Рано се оженио и рано добио сина, али доста касно, тек неколико година пред рат добио стан у пивари, одмах до Ернстовог.

Имао је близу педесет година када сам га упознао. Његово лице одмах ми је пало у очи: све је на њему, чинило се, било некако четвртасто, што је највише допринело томе да је деловао као енергична и можда помало сурова личност. Био је ониског раста, а четвртаста брада, видљиво истурена, само је још више истицала његову одлучност можда и извесну безобзирност.

Био је одважан, до крајности привржен својој истини или својој заблуди. Пребрзо напредовање Немаца у Русији мене је као полујеврејина озбиљно поколебало у нади да ће Енглези победити, па ме је то испуњавало зебњом. Петра није: веровао је у Русију не зато што се његова вера заснивала на чињеницама већ зато што је у његовој глави Русија, попут Бога, била изнад свих чињеница. Једног јутра пренео сам му вест Радио Лондона да је Смоленск пао и да Немци и даље напредују. „Ништа не брини“, рекао је. „Москва неће пасти.“ У то време још се није спустила поларна хладноћа а Москва је већ почела да се евакуише. Здраворазумска логика говорила је да Русија губи рат. Међутим, за Петра рат није био ни ствар бројности армија, ни квалитета оружја, већ ствар искључиво његове вере. Сигуран сам да би он и даље веровао у Русију и да је тих дана капитулирала: тај пораз не би сам себи признао, а ако би, притиснут доказима и чињеницама, морао да га прихвати за реалност онда би се у њему нешто свакако преломило -- можда би и скренуо с памети.

А та вера, чинило ми се, одређивала је све на њему – и чудесан сјај у очима и боју гласа када би се повела реч о Русији, исказивала се чак и у тренуцима када би се онако чађав са закренутим качкетом, налазио за воланом „Сантинела“, превозећи угаљ неопходан за производњу пива, првенствено за потребе немачке војске. Морао је да буде свестан тога, помишљао сам, да радећи у пивари у ствари ради за Немце, непријатеље његове Русије, али та превелика љубав према њој била је свакако кадра да пред његовом савешћу оправда све, чак и његову издају уколико би му неко пребацио.

Према „Сантинелу“ односио се као према неком блиском, готово живом бићу. Био је везан за ту ружну, незграпну грдосију са погоном на чврсто гориво, која је дахтала и димила попут локомотиве и коју је само време несташице нафте васкрсло из смрти на пиварском отпаду. Сав гарав држао је волан неком чудном елеганцијом која је само сведочила да је ушао у душу ове препорођене машине и да је њом владао виртуозно као виолиниста својим инструментом. „Здраво, Перо!“, довикивали су му радници и службеници видећи га како вози преко дворишта пиваре, одајући можда и несвесно признање његовој вештини и привржености једној застарелој машини, али изражавајући истовремено и своје поштовање према њему као личности добро знаној. Поздрављао га је чак и фелдвебел Георг Клинке, „комесар“ како смо га звали, када би се нашао на капији контролишући испоруке за немачку војску. Очигледно, држање и понашање Петрово и њега је импресионирало.

Волео је да разговара са мном, али не зато да бисмо проћаскали. Имао је озбиљнији разлог што би ме готово сваког јутра, у предаху између истовара „Сантинела“ и поновног одласка на станицу, посећивао у магацину: знао је да свако вече и јутро слушам Лондон. Вести са фронтова су га највише занимале, иако сам првих месеци могао да му преносим само неповољне вести. Није очајавао због њих. Саслушао би ме без видљивог узбуђења, попут команданта коме се подноси рапорт. Једино су плаве, ситне очи могле донекле да га одају: чиниле су се тада суморније него обично.

Живнуо је када су се Немци зауставили пред Москвом и почели да узмичу. „Видиш да сам био у праву“, тих дана ми је рекао. „Зар Немци да победе Русе!“ Русија, без обзира каква, била је само Русија, земља предодређена, поготово под Стаљином, да једног дана поведе цео свет. Његови аргументи били су наивни, крајње упрошћени, а главни аргумент се на крају ипак сводио на то што је Русија била Русија и, као таква, изабрана да руководи токовима историје. На факултету, пре рата, разговарао сам са студентима спремним да Русију дивинизују ништа мање од Петра али они су ипак били нешто реалнији од њега.

Понекад сам долазио у искушење да му се, у благој мери, супроставим и покушам да га спустим са неба на земљу. Ипак, уздржавао бих се, уверен да би било право светогрђе да у једну тако снажну веру уносим траг сумње.

Ипак, нешто ме је код њега изненађивало: рекло би се да Немце уопште није мрзео, као што није мрзео никог у пивари, чак ни најутицајније акционаре. Да ли је он био човек који никог није могао да омрзне? Да ли је његова љубав према Русији била толико велика и толико прожета надом да се у том жару све топило, чак и сама мржња према онима који су у исто време уништавали руске градове? Говорио је преда мном о Немцима без видљивог револта, чак и у данима њихових највећих тријумфа, разговарао на свој начин, без трагова заједљивости, са „комесаром“ Клинкеом чак и онда када га је овај загрлио на капији да би дао одушка свом усхићењу што је дан пре тога Немачка однела у Русији још једну значајну победу.

Рат је морао да поремети односе између Петра и Ернста, радника који су пре рата свакако имали нечег заједничког не само зато што су били најближи суседи: обојица су, пре него што су се запослили у пивари, прошли кроз искушења великог сиромаштва па су као такви према оним срећнијим, власницима фабрике, природно имали и сличан став. Међутим, то осећање припадности истом табору није их ни пре рата могло толико да приближи да би успоставили присније суседске односе. Један зид их је и даље раздвајао: Петар је био Србин, Ернст Немац. А овај зид морао је доласком Немаца да буде још виши.

Ернст, крупан, доста висок, кратких дебелих риђих обрва потицао је из веома сиромашне породице из неког села у околини Вршца. Изгубио је рано оца који се удавио једне јесени прелазећи чамцем преко Дунава. Бригу о Ернстовој породици преузео је његов ујак, ништа мање убог. Међутим, и њему се као и Петру једног дана осмехнула срећа: његов кум, очев најбољи пријатељ, власник електричарске радње у Панчеву, позвао га је да изучи занат код њега. Ернст се показао као примеран шегрт и калфа, па се на крају догодило оно што је у таквим случајевима готово правило: заљубио се у газдину старију кћерку Матилду а њен отац, упознавши све врлине свог помоћника, није се тој љубави, а ни браку, супростављао. Две године касније Ернст и Матилда су, захваљујући тастовим везама, прешли у Београд где је младог Улмана чекало запослење у пивари.

Сиромаштво које је у детињству упознао није могло а да не остави трага на њему. Радници пиваре, већином Срби, ваљда су спонтано већ на његовом лицу откривали мучну истину о његовом детињству и његовој младости па су га зато одмах прихватили. Осим Петра, за кога је остајао Ернст, сви други, чак и Чеси, звали су га „Шваба“. Ценили су га, али не само зато што су у њему видели вредног, солидног мајстора већ и озбиљног, карактерног човека. „Највише ми се свидело код њега“, једном ми је Петар поверио, „што се не понаша снисходљиво према акционару Блетнеру, свом веома имућном сународнику“.

Ипак, према брзом успону Хитлерове Немачке Ернст није могао да остане равнодушан. Лавина обећања, мржње, распирених нада убрзо је доспела и до београдских Немаца. Ернст није имао снаге да јој одоли, ваљда зато што се нова реторика, бар у прво време, могла да претстави као радничка, упркос томе што је такву каква је ни Петар, ни већина радника Срба и Чеха нису прихватали. Међутим, за Петра то није био довољан разлог да измени свој став према њему, као што ни догађаји у Немачкој нису били разлог за Ернста да се измени према свом суседу. Рат их није раздвојио већ их само једног од другог нешто удаљио.

Улазак Немаца у Београд учинио је од Ернста првог човека пиваре иако то можда није било по његовој вољи. Тих дана његова национална припадност и његово политичко опредељење засењивали су сва његова лична и друштвена својства. Фактички, постао је важнији и од Блетнера, и Крстића и Новачека. А када би свој плави раднички комбинезон заменио униформом маншафта његова моћ у пивари као да је добијала размере неке врсте свемоћи: у таквим тренуцима оличавао је сву суштину силе способне да све испред себе физички сруши, и казни оне који би јој се супроставили. Тако, униформисан, чинио се још озбиљнији, недоступнији, можда и суровији, откривајући своје друго лице које ипак нисам могао да сматрам његовим правим: чинило ми се да је то само маска којом се он привремено служио. Тако оде-

веног и озбиљног као да се прибојавао и сам Блет-
нер, банатски Немац који се према Немачкој, сва-
ком је било јасно, односио другачије, уздржаније
од главног електричара пиваре.

Упркос његовој униформи, међу нама су се
створиле нити довољно јаке да не будемо крајње
неповерљиви један према другом, што је у онда-
шњим околностима било равно скоро правом при-
јатељству. Једног јутра, крајем 1941., у време када
су Немци почели да одступају на фронту испред
Москве, усудио сам се да му пренесем вести радио
Лондона. Према „Донауцајтунгу“ и радио Београ-
ду, битка за Москву се и даље водила, иако су вре-
менски услови били крајње неповољни; за радио
Лондон та битка је била дефинитивно изгубљена.
Моја отвореност га је изненадила. Погледао ме је
зачуђено и помало збуњено, јер у таквој ситуаци-
ји није знао како да се према мени односи: као
провокатору или као човеку који му саопштава
једну непријатну вест управо зато што га сматра
довољно блиским. Већ следећег тренутка схватио
сам да у мојој отворености он није видео ништа,
заправо никакву подвалу.

– Шта кажете – рекао је са извесном иронијом
у гласу. – Немци се повлаче? Зар није довољно
већ и то што су стигли до саме Москве?

Истог дана упознао сам Петра, мало забринут,
о свом разговору са Ернстом. – Не плаши се. Не-
ће ти ништа, знам га ја добро – умиривао ме је.

После тог разговора Ернст се није према мени
нимало променио, иако је можда први пут схватио
да иако пореклом Немац, припадам оним Немци-
ма који се победама Немачке не морају да радују.
Шта више, чинило ми се да је он ову отвореност
умео да цени видевши у њој знак да сам га упркос
његовој униформи и амблему прикаченом на гру-
дима радног комбинезона сматрао за човека од
карактера и поверења.

Дошла је и четрдесетдруга. На руском фронту ситуација се преокренула: Немци су кренули у нову офанзиву. Поново су почели са напредовањем на широком фронту, овог пута у Украјини. Збивања на ратиштима нису се видљиво одражавала на Ернсту. Обављао је и даље савесно свој посао, проводећи цео дан по разним погонима и оделењима и сваке недеље бар једном одлазио из пиваре у својој црној униформи.

Оног дана када је у јутарњој емисији радио Београда било саопштено да су Немци избили на обалу Волге Ернст се сав озарен појавио у магацину. Никакав материјал му није био потребан. Дошао је само да ми каже: „Немци на обали Волге! Шта каже Лондон?" Реванширао ми се. Своје ликовање није могао да прикрије.

Но, Ернстова радост није дуго потрајала, пошто се битка за Стаљинград одвијала другачије од битака за Харков и Кијев: неочекивано се продужила да би се, усред зиме, завршила правом катастрофом за Немце. Затим је почела битка за Сицилијану. Нисам се усуђивао да му преносим вести Лондона са фронтова јер више није било сумње: Немачка је губила рат.

У јесен 1943. Ернст већ није могао себе да контролише: распалио је шамар Сави, помоћном ложачу у котларници, чији се брат претходне зиме прикључио партизанима. За разлику од Петра, Сава, можда подједнако опијен победом Руса, није могао да прикрије своје одушевљење. Тог дана срели су се у дворишту. Ернст је носио униформу. „Шта кажеш! Почели сте да бежите", кажу да му се Сава обратио овим речима. Ипак, после овог инцидента Сави се ништа није догодило: Ернст га је ошамарио али се није светио.

Ова епизода у дворишту означавала је, у неку руку, промену општег расположења у пивари. И пре тога готово сваком је било јасно да је наступио преокрет, иако су Немци покушавали да својим извештајима са фронтова и коментарима прикрију стварно стање: до шамара у дворишту рат је за већину нас у пивари био нешто што се одвија веома далеко и зато нешто што није могло битно да измени нашу тренутну ситуацију; после шамара почели смо да долазимо к себи као из неке летаргије, свесни коначно чињенице да са повлачењем Немаца дан ослобођења бива све ближи.

Лице Петра Ракића све је више блистало па и када би било гараво од угља. Чинило се да је свој „Сантинел“ возио са још већом преданошћу и још већим еланом. Преобразила га је извесност да Русија добија рат: није више ишчекивао, возећи гвоздену грдосију, да га други поздраве, већ их је сам први поздрављао са осмејком на свом тврдом, четвртастом лицу, ликовањем у очима и Русијом у мислима. Његови јутарњи доласци у магацин проредили су се. Вести из Лондона као да су у измењеној ситуацији на Истоку губиле пређашњи значај: истина о померањима на ратиштима могла се наслутити и из немачких коминикеа, те зато није више имао потребе да је сазна преко мене. „Није важно да ли наши напредују двадесет или две стотине километара на дан“, једном ми је рекао, „у сваком случају ускоро ће бити у Берлину.“

Његов значај у пивари растао је готово у истој мери у којој су Руси напредовали. Порастао је и у очима акционара Блетнера: пре Стаљинграда он би Петру, пролазећи двориштем, отпоздрављао само климањем главе. После Стаљинграда климање главом заменио је скидањем шешира који је чак и лети носио. Са дубоким наклоном поздрављао је и Петрову жену, Савку, увек озбиљну и замишљену, мајку младића који је 1942. пришао партизанима и за чије је здравље сваке недеље палила свећу у цркви.

У исто време Ернст је бивао све озбиљнији, усамљенији. Велика омама, која га је близу три године држала, коначно је ишчезла. Трудио се, било је видљиво, да остави утисак човека чије расположење не зависи од званичних коминикеа. Али, његово лице није могло да обмањује: говорило је о почетку његових зебњи, немира, непроспаваним ноћима, можда и кајању. Очи су му биле грозничавије, лице раније помало слеђено, сада живље, покретљивије, спремно да реагује на сваку реч. Мора да је био нервозан, неодлучан и свакако ужасно несрећан, закључио бих када бих га таквог видео.

Радио је и даље предано: обилазио погоне, разговарао са техничким директором, такође Немцем, и повремено облачио црну униформу. Као да је то био начин његове одбране: понашати се као да се ништа није догодило иако су се последњи немачки војници већ повукли са руске територије а савезнички бомбардери почели да надлећу и туку Београд. Хоће ли се повући са Немцима или ће остати у пивари, питали смо се Петар и ја, свесни да се за Ернста приближио час одлуке. А озбиљност ситуације можда су схватиле и његове кћерке, близнакиње – Мили и Хилде: престале су да се играју школице на краткој бетонској стази у њиховој малој башти, док се њихова мајка Матилда појављивала у дворишту пиваре само из нужде.

– Знате ли да су Руси продрли у Румунију – рекао сам Ернсту када сам тог јутра слушао Лондон. Немци нису о томе ништа јавили. Желео сам да га упозорим, да му ставим до знања да је крајње време да бежи ако сматра да Русе не сме ни по коју цену да сачека. Осетио сам да је схватио због чега га упознајем са тим догађајем. Ништа није одговорио.

Почетком септембра 1944. Петар је престао да вози „Сантинел“. Оронуло возило мировало је у близини магацина. Пивара је престала да производи пиво јер је нестало угља. Истина, Немци су и даље одвозили пиво, али оно из залиха. Фелдвебела Форста који је пре неколико месеци сменио „комесара“ Кинкела, нестало је са капије: његова јединица напустила је град. Иако је био озбиљнији, мргоднији од свог претходника, опростио се од чиновника, чак и од Петра који се тада затекао у канцеларији. Петар га је готово пријатељски потапшао по рамену, али са подсмешљивим изразом на лицу. „Иди, само иди, и да те никад више не видим“, рекао му је. Фелдвебел га је, рекло би се, схватио иако није знао српски.

Неколико дана касније отпутовали су Крстићеви: Урош, Ирена и њихово двоје деце. На станицу заједно са стварима одвезао их је трицикл, једино моторно возило пиваре са последњом резервом бензина. Истог дана по подне Ернст је ушао у магацин, нерасположен, сав напрегнут. Замолио ме је да му припремим неколико целих, чистих врећа и један повећи сандук. „Одлазимо“, рекао је и онда се одмах удаљио.

„Најзад и томе дође крај“, рекох сам себи: тек тада сам схватио у пуној мери да се време окупације приводи крају и да је питање само недеља ако не и дана када ће Београд остати без Немаца. Ернст је одлазио, човек кога нисам мрзео иако је оличавао систем од којег сам зазирао и који ме је физички угрожавао. Одлазио је побеђен, разочаран, али не у свој родни крај већ у далеку земљу којој се све до недавно дивио а коју су сада авиони из дана у дан разарали.

Улманови су се паковали. Руси и партизани већ су се опасно приближили и Ернст је са породицом требало кроз два дана да отпутује, последњим возом за цивиле. За то време виђао сам га у кругу пиваре у потрази за ситницама које ће му бити неопходне за пут. Међутим, више није одавао утисак потиштеног, разочараног човека: околност што га је ишчекивала велика неизвесност, као да га је донекле препородила, дала му снагу да по сваку цену истраје у свим искушењима. А у тим часовима припрема за одлазак Улманови нису били препуштени сами себи: у томе су им помагали, колико су могли, Ракићеви.

Дан пред одлазак Ернст је бануо у магацин, чим сам га тог јутра откључао. Нешто веома озбиљно морало је да му се деси: из очију му је зрачило очајање, усне подрхтавале.

— Шта је, Ернсте — запитао сам га, схвативши да је нечим страховито погођен.

— Ужасно, ужасно — одговорио је хватајући се за главу — пред саму зору Матилди је позлило. Ох, Боже још увек се превија од болова!

У свом, бесумње најкритичнијем тренутку живота обраћао се мени, полујеврејину. Потражио ме је, али не само зато да ме упозна са својом невољом, већ да му ја, у уверењу да сам по оцу ипак његов сународник, помогнем у тим тако тешким часовима. И, тада, гледајући га тако немоћног и очајног, присетио сам се младе жене коју су пре три године прогонили и која ме је сва задихана, исцрпљена, наслоњена постранце о зид посматрала са готово истоветним позивом ако не и преклињањем у очима. Само, Ернстово очајање морало је, чинило ми се, бар у овим тренуцима да буде још веће.

Згрчена као кифла Матилда је лежала на широком, брачном кревету. Тихо је јаукала. Хилде и Мили уплакане, унезверене, преплашене седеле су једна до друге поред мајчиних ногу. Огољена, без слика, украса и јефтиних гоблена, испуњена ружичасто-златастом светлошћу октобарског јутра, соба са балама и врећама по поду као да је већ сама по себи указивала на драму Улманових: несрећа их је задесила у јеку припрема за сутрашњи пут. Руси су већ, Лондон је тог јутра јавио, прешли Дунав.

Пришао сам јој. Чело јој је горело. Ернст, заставши у довратку, гледао ме је нетремице, у нади да ћу можда, као студент, образованији и верзиранији од њега у општој медицини, саопштити мишљење мање поразно од његових слутњи. Тог тренутка гледао је у мени пророка и лекара и мага. Затим се Матилда нешто исправила и хватајући се за трбух гласније јаукнула. Била је полусвесна.

Ћутао сам потресен, беспомоћан. – Шта да радим – запитао ме је Ернст, не мичући се са прага, дрхтавим, плачевним гласом.

– Ништа друго до да сместа позовемо лекара – одговорио сам, дајући му на знање да у таквој ситуацији може да рачуна на моју помоћ.

– Али, кога и како? Немачке амбуланте више нема, наши лекари отпутовали су још прекјуче а можда и лекари из војне болнице.

Био је свестан да је у невољи каква га је задесила лекар био његова последња нада. Само, био је свестан и тога како се у оваквим тренуцима тешко могло доћи до лекара. Решење, било какво, очекивао је од мене, Немца који је слушао Лондон али који свакако у овом часу није могао да буде равнодушан према другом Немцу.

Са својом невољом још није упознао Петра и Савку, иако су му дан раније помагали у паковању. Због чега им се није обратио? Да ли је од њих зазирао? У сваком случају мене је сматрао ближим од њих.

– Идем у Пастерову, по лекара – рекох.

У Пастеровој, у некадањој нашој војној болници, Немци су по свом уласку организовали своју. Обратићу се прво Немцима, а ако их нема или не пристану да дођу до Улманових онда ћу потражити лекаре из наше, цивилне болнице.

Трицикл који је неколико дана пре тога одвезао Крстићеве на станицу није више могао да се користи: није било ни возача ни горива, па ми ништа друго није преостало него да кренем пешке. Пастерова није била сувише удаљена.

Немци су се увелико повлачили. Тешки камиони и транспортери тутњали су опустелом Милошевом улицом. Београђани, које су бомбардовања отерала из града, још су оклевали да се врате својим домовима. Немци који су последњих година губили сваку битку, повлачили су се у реду, без панике, готово и без журбе, и при погледу на то организовано повлачење и оружје које није престало да импресионира, готово да сам посумњао у веродостојност вести о узмицању Немаца на свим фронтовима. Као да се током три године уопште нису изменили у односу на себе – ратнике који су као победници улазили у Београд: овог пута располагали су још гломазнијим тенковима а лица војника била су само старија и уморнија – као да се сва разлика огледала само у томе.

У Пастеровој угледао сам бројна санитетска возила: одвозила су немачке рањенике. На капији ме нико није задржао, иако су на њој два војника са шлемовима и даље стражарила. Болница се увелико празнила: тешке рањенике износили су на носилима из зграда и стављали их на земљу, у педантном низу, у ишчекивању да их, када дођу на ред, превезу до железничке станице. Било их је са повијеним главама или завојима преко очију, са рукама у гипсу или уфачлованих ногу које су вириле испод ћебади. Сви су ћутали изузев неког младог, црномањастог рањеника који је склопљених очију гласно стењао. Имао сам утисак, већ према самој интонацији гласа, да овај несрећник није стењао искључиво због великих болова: тако беспомоћан, можда и одузет, одлазио је у своју земљу, у тоталну неизвесност и сопствено безнаље било је за њега свакако болније од свега. Готово ошамућен том сликом колективног људског пораза нисам се у себи, као син Јеврејина, светио тим војницима који су на врхунцу своје моћи могли да буду тако сурови према побеђеним и проказаним. У том поразу као да сам једног тренутка откривао и неки пораз свих нас, и оних који у рату побеђују и оних који можда заувек нестају у својој тоталној безизлазности.

Чинило ми се бесмисленим да у таквој ситуацији и атмосфери потражим лекара спремног да обиђе једну болесницу, његову сународницу. Намеравао сам да се вратим. Али, нешто ме је терало да устрајем у својој мисији, упркос призору који човека до сржи обесхрабрује. И када сам најзад одлучио да приступим стражару и објасним разлоге свог доласка, угледао сам лекара у белом мантилу са стетоскопом око врата. Био је то човек педесетих година, просед, омален, уморног и опуштеног лица. Пришао је, у пратњи болничара, групи рањеника на носилима и зауставио се прво код једног од њих на знак свог пратиоца. Рањеник на носилима спуштеним на земљу чинило се да спава. Лекар га је прво осмотрио са висине и онда се нагнуо над њим: подигао му је спуштене капке трагајући за знацима живота у очима. Потом га је узео за шаку, у потрази за откуцајима била. По свему судећи није их нашао. Спустио је руку полако, готово као да се плаши да рањеника не пробуди. Постојао је неколико тренутака и онда, окренувши се болничару који се у све то мање уносио, слегнуо раменима. Тај покрет је био речит: рањеник на носилима више није био за транспорт.

Пришао сам лекару управо када се одвојио од рањеника који је умирао или је већ можда умро.

Саслушао ме је нервозно, али пажљиво, помало подозревајући од мене. И већ по изразу његовог лица, још пре него што је проговорио, схватио сам да сам узалудно долазио.

– Тражите немогуће, младићу. Зар не видите да одлазимо – рекао је удаљавајући се од мене. Затим је застао, окренуо се и додао: – Зашто је не одведете у цивилну болницу, ову до нас?

Послушао сам га. Државна болница је била у јадном стању, али не само зато што су је бомбе оштетиле: зграда оронула, смеће нагомилано, алеје и стазе запуштене. Пустош готово сабласна, чију је надреалност још више увећавала околност што у таквом амбијенту нисам, улазећи, видео ни болеснике ни болничаре.

Тек у ходнику хируршког оделења схватио сам да болница није испражњена: мирис јодоформа мешао се са мирисом зноја и задахом људске нечистоће. Последња бомбардовања унела су пометњу и отежала рад, али нису довела до затварања болнице. Болесници, углавном жртве америчких и енглеских авионских бомби, или изненадних болести, испунили су собе до последњег кревета.

Нико ме није заустављао у ходницима док сам трагао за лекарем. Сретао сам болеснике, испијене и посустале, очигледно забринуте и пометене ситуацијом у граду. Својом непажњом налетео сам на колица са мртвацем: по обрисима тела прекривеног белим чаршавом рекло би се да је то била нека крупна жена. Сретао сам часне сестре са хигијенским судовима, слушао из соба цвиљење и јаукање, понекад убрзавао кораке како бих се што пре ослободио тешког, продорног смрада. Тих дана било је ведро и топло.

Тек на првом спрату угледао сам лекара, човека већ у годинама, уморног, необријаног: драматични дани недавног савезничког бомбардовања и све бројније тешкоће и бриге око смештаја и лечења болесника остављали су трага на његовом лицу. Објаснио сам му разлог свог доласка. Имао сам утисак, док сам му објашњавао, да није равнодушан према драми Улманових, али сам и овог пута, још пре него што је одговорио, схватио да неће бити спреман да и за тренутак напусти болницу и крене са мном у пивару.

– Жао ми је, али не могу напустити болницу. Зар не видите шта ме све очекује. Доведите је како знате: некако ћемо је сместити.

Нисам више инсистирао: Улманови су били препуштени сами себи.

Ипак, сваку наду још нисам изгубио. Најзад, преостали су приватни лекари. Цео крај ми је био добро познат, а за неке од њих знао сам где станују. Потражио сам их, али ниједног да нађем код куће: један није у Београду још од Ускрса, дана када су бомбардовања почела, друга двојица нису се вратили ваљда из страха да их борбе за Београд ту не затекну.

Вратио сам се у пивару нешто пре поднева. Савка и Петар налазили су се код Улманових. Испружена и нешто опуштенија него јутрос Матилда није јаукала. Била је свесна, али апатична: нагнута над њом Савка јој је приносила шољу са чајем: Хилде и Мили у летњим хаљиницама седеле су и даље код мајчиних ногу, не скидајући свој поглед са ње, у ишчекивању да се као у Гримовим бајкама догоди изненадни преокрет.

Ишчекивали су мој повратак са видљивим нестрпљењем и узбуђењем, као гласника који треба да донесе пресудну вест.

– Узалудно сам ишао – рекох још са прага Ернсту. – Војна болница се евакуише, лекари не могу ни за тренутак да је напусте. Ишао сам и у државну болницу: рекли су да би болесницу требало да доведем. Потражио сам и приватне лекаре, али као за инат никог код куће.

Мој рапорт је скршио Ернста. Пре него што сам га започео потајна нада се још донекле оцртавала на његовом лицу а када је схватио узалудност моје мисије, одједном се и својим држањем и својим ликом преобратио у потресно оличење људског слома.

— Шта ћу онда — рекао је гласом препуним очајања и безнађа, хватајући се обема рукама за главу. Човек који је својом униформом и изразом лица неко време у кругу пиваре, можда и против своје воље, оличавао суровост нама туђе идеологије и сву нетолерантност крајње агресивне државе, срозао се сада преда мном и Ракићевима на ниво жалосне беспомоћности. Немци су још владали Београдом, наши животи налазили су се и даље у њиховим рукама, али у Ернстовој ситуацији све је то било без значаја: његова судбина се није решавала на бојишту већ у кругу људи без икакве фактичке моћи али особа које су тих часова за њега биле пресудније од свега.

— Ништа друго него да Матилду повеземо до болнице. Замолићемо директора за запрежна кола — рекао је Петар. Саосећао је са Ернстом, али је у таквој ситуацији, за разлику од свог првог суседа, могао разложније да расуђује.

Ернст је за тренутак запањено погледао Петра и готово заридао: можда је и он такав расплет предвиђао, али га је у себи као најнеповољније решење одбацивао.

— Зар не видиш да јој је боље... Ернст застаде у пола реченице, ваљда зато што је и сам схватио немогућност оног што му се чинило изводљивим: сутра је одлазио последњи воз из Београда, а било је готово бесмислено претпостављати да би Матилда преко ноћи могла да се толико опорави

да сутрадан крене на пут. Неочекивана несрећа
стављала је тог Немца пред страхотну дилему: от-
путовати са децом али без Матилде, или остати
због ње и сачекати Русе и партизане.

За све то време плаве, проницљиве очи Петра
Ракића помно су га мотриле. Тај човек, који је са
нестрпљењем ишчекивао ослободиоце, схватио је
све оно што је Ернста раздирало.

– Нећеш ваљда да останеш?

– Остао бих, зашто не? Да одем? Па она је мо-
ја жена!

Док је те речи изговарао у његовом гласу није
било ни трага од малодушности. У речима „она је
моја жена“ изражавао је сву своју философију: та-
ко тешко болесна Матилда је тих тренутака за
њега била важнија од свега – и Немачке и њега
самог.

– Ернсте, знаш ли шта говориш? Да останеш?
Сачекаш Русе? Заборављаш шта си ових година
био: културбундовац, носио си униформу и Бог
зна шта си све радио?

Инсистирање Ернста да остане у пивари ре-
волтирало је Петра који као да тих тренутака ни-
је говорио само њему, већ се донекле обраћао и
мени, сведоку драме и једном од оних који као та-
кав треба и да пресуди. Доведен можда и против
своје воље у ситуацију да одлучује о судбини једне
породице, Петар је, стекох утисак, желео да своју
одговорност за расплет драме подели са другим,
те је из тог разлога мене одредио да будем нешто
више од обичног посматрача, одиграм улогу неке
врсте савести времена, члана пороте суда којим
Немци више нису владали.

Нисам се супротставио Петру иако ме је сво-
јим инсистирањем на Ернстовом одласку донекле
изненадио. Шта је све могло да допринесе томе да
Петар заузме такав став? Да ли је управо у таквој

127

ситуацији из њега проговорио дуго потискивани револт против свог суседа, Немца кога је захватила погубна политичка зараза и који је због тога морао сада да сноси страхотне последице, или је, одмеривши све битне околности одистински сматрао да је одлазак једино решење за Ернста, мада би тада болесна Матилда морала да буде његова и Савкина брига.

Тих тренутака, као пријатељ обојице, можда сам заиста могао да утичем на исход овог дијалога и сучељавања, омекшам Петра, приволим га да измени свој став и не успротиви се Ернстовом останку. Тек после толико времена схватио сам да је тог поднева одлука о Ернсту и његовој породици зависила донекле и од мене, да сам у тој људској драми из година рата био све друго до беззлени, неутрални посматрач.

Ернст се није правдао. Бранио се.

— Не поричем да сам био у културбунду, ни то да сам носио униформу. Али, кунем ти се, најзад и сам знаш, нисам никоме зла нанео.

Да ли је тим речима желео да подсети Петра како је он лично интервенисао код Гестапоа када су хтели да га ухапсе после бекства његовог сина Ике у партизане? Ни он се није обраћао искључиво Петру: обраћао се и мени, свом сународнику, његове усплахирене очи гледале су и мене, у нади да ћу га у тако важној ствари подржати, и као један од пресудитеља, бити према њему благонаклон.

Но, ја сам ћутао, стављајући се тако својим ћутањем на страну надмоћнијег. Нисам желео да се изјашњавам иако сам у души био за то да Ернст остане, свестан тога да је у мени надвладао опортунизам, жеља да се не замерим Петру, мада сам веровао да Ернста не би очекивало оно најгоре ако би остао. Имао сам поверења у њега, као што су га, верујем, имали и сви остали из пиваре, изузев можда Саве. Уверен сам да га је имао и Петар.

Петар је био неумољив, можда и зато што се нисам изјаснио за Ернстове разлоге. И шта је друго Ернсту преостало до да се повинује одлуци свога суседа: отпутоваће сутра са децом, последњим возом, а бригу о Матилди преузеће Петар и Савка.

– Учинићемо све што можемо – уверавао је Петар. – Пазићемо је као сестру, а ако јој не буде боље одвешћемо је у болницу. Бићете опет заједно, видећеш.

Нешто касније опростио сам се од Ернста и девојчица, јер се сутра не бисмо видели: полутеретни камион немачке команде, како је још раније било утаначено, требало је да породицу Улман заједно са стварима одвезе рано на железничку станицу.

Сутрадан немачко возило је стигло у заказано време. „Како су само девојчице плакале растајући се од мајке“ – причао ми је Петар видљиво потресен. „Савка их је љубила и тешила“.

Матилда се повремено губила и враћала свести. Није јечала и није се распитивала где су њени. Само је понекад отварала очи. Трећег дана од како се разболела дошао је лекар који је становао у близини и који се тог јутра вратио из оближњег села где се привремено склонио. Преписао јој је неке прашкове и неку течност, али те лекове нисам могао нигде да набавим. Одлазећи, лекар је рекао да је Матилдин случај за болницу.

Одмах сам отишао до болнице. Међутим, исти лекар са којим сам пре тога разговарао, рекао је да болесницу не може да прими јер више није било места. Три дана касније почеле су борбе за Београд.

Последњег дана борби кренуо сам у пивару, упркос томе што моја, Милошева, улица, опустошена уличним борбама, још није била безбедна. Пролазио сам поред уништених руских тенкова, камиона, аутомобила и лешева Немаца које још нису уклонили, подсећајући да у оваквом рату нема никакве разлике између судбине погинулог војника и уништеног оружја. Последњи талас разарања прошао је можда тек пре неколико часова, онда када је у подрумима зграде где смо током борби боравили, изненада завладала тишина. Мирис барута се још осећао у ваздуху а мир који је обавио улицу могао је да буде само онај мир који, као да се одмах пошто утихне грмљавина рата, попут неког нечујног реквијема спушта однекуд из свемира на оне живе и мртве на попришту.

Изненада сам приметио да смо ја и неки крупан сеоски пас били једина жива бића на улици. Повијене главе, њушкајући по земљи, животиња је следила траг који је само она примећивала. Морао сам да викнем и покретом руке отерам када је својом њушком почео да шета по лицу једног риђокосог Немца који је полеђушке лежао насред трамвајских шина. Крупне зеленкастоплаве очи мртваца гледале су, широм отворене, у плаво небо ишарано ситним облацима а кроз отворена и помало болно згрчена уста вирили су крупни пожутели зуби. Није имао више од тридесет година.

На крају улице угледао сам пивару, из далека, са благе узвишице, чинила се нетакнутом: висок димњак, гломазна, масивна зграда сиве сладаре и даље су доминирали а машинхаус и врионик се јасно оцртавали иако их борбе вероватно нису сасвим поштеделе. На капији сам сазнао да је управо јуче Петар Ракић погинуо у тренутку када је претрчавао двориште у намери да из бунара донесе свежу воду. А истог дана, неколико часова касније, умрла је и Матилда.

Затекао сам Савку у црнини, испред стана. Дан ведар, топао, такав какав је бивао и крајем септембра. Седела је погнуте главе у башти на

клупици, коју је Петар направио уз помоћ пивар-
ског столара. Учинило ми се, док сам јој прила-
зио, да није потпуно ван себе од бола: окренута
ружама које је са љубављу неговала као да се још
надала неком преокрету, изненађењу, а у соби,
иза њених леђа, на кревету са упаљеном свећом и
иконом иза главе, лежао је Петар без иједног
грча на лицу. Рана која га је усмртила није се ви-
дела. Смрт је морала да буде тренутна – шрапнел
је свакако предухитрио и осећање бола и страх од
смрти. Тако мртав готово да се смешкао. Можда
сам ја једини у пивари на том тврдом, кошчатом
лицу снажне вилице и широких јагодица распо-
знавао нешто што је погледу других остајало скри-
вено: чудесна страст за једном земљом, која га је
и мртвог испуњавала подједнаком снагом.

У огољеном стану Ернстових, на широком бе-
лом брачном кревету лежала је Матилда. Изнад
њене главе налазила се веома уска чаша са углав-
љеном свећом. Угасила се када је, топећи се, до-
спела до руба чаше. Запалила је Савка. Иако пого-
ђена мужевљевом погибијом купила је неколико
свећа пред сам почетак борби, предосећајући да
ће Матилда ускоро умрети али не слутећи да ће
и Петра да погоди исти удес. Трагова патње није
било на пожутелом и омршавелом лицу Немице
коју су рат и болест усамили. И своју патњу, и свој
живот, и своју судбину, помислио сам, оставила је
као неку непотребну љуштуру.

Зар је то смрт, питао сам се не скидајући очи
са тог помало мистериозног осмејка који је, ре-
кло би се, нека невидљива сила истерала само за-
то да би упутила своју поруку: не ужасавајте се
смрти, ви преживели – умрли је само прешао пре-
ко границе повучене између живота и смрти, бића
и небића, а иза те границе не зјапе ни понори ни-
штавила, ни пустош непостојања.

Пригушена канонада још је понекад, све тиша, допирала до пиваре. Долазила је с друге стране Саве, налик на грмљавину која као после великог невремена лагано одмиче. Довршавала се битка за Земун. Пошто су у својој срџби опустошили људска тела и људске душе, невидљиви коњи Маркове Апокалипсе удаљавали су се. И овог пута, нису ме ни такли.

САДРЖАЈ

Карактеристика   5
Рука у кратеру 12
Жена у сумраку 17
Ирена 22
Милена 38
Коњи Апокалипсе 47
Љубавници 61
Рашко 88
Суседи 108

Максимилијан Еренрајх-Остојић
КАРАКТЕРИСТИКА

*

Главни уредник
НОВИЦА ТАДИЋ

*

Лектор и коректор
МИРОСЛАВА СТОЈКОВИЋ

*

Технички уредник
ЂУРО ЦРНОМАРКОВИЋ

*

Фотографија аутора
БРАНКО БЕЛИЋ

*

Ликовна опрема
АЉОША ЛАЗОВИЋ

*

Издавач
ИП РАД
Београд, Дечанска 12

*

За издавача
СИМОН СИМОНОВИЋ

*

Припрема текста
Графички студио РАД

*

Штампа
Елвод-принт, Лазаревац

CIP – Каталогизација у публикацији
Народна библиотека Србије, Београд

886.1-32

ЕРЕНРАЈХ-Остојић, Максимилијан

Карактеристика : роман / Максимилијан Еренрајх-Остојић. – Београд : Рад, 2000 / 4. изд. (Лазаревац : Елвод-принт). – 133 стр. ; 21 cm. – (Библиотека Рад).

ISBN 86-09-00611-5
ID=75148556

www.ingramcontent.com/pod-product-compliance
Lightning Source LLC
La Vergne TN
LVHW010343200726
843507LV00010B/1624